LE PAYS DES ROSES

Aucune pièce de ce volume ne peut être mise en musique sans la double autorisation de l'Éditeur et de l'Auteur.

ARMAND SILVESTRE

LE
PAYS DES ROSES

POÉSIES NOUVELLES

1880-1882

PARIS
G. CHARPENTIER, ÉDITEUR
13, RUE DE GRENELLE-SAINT-GERMAIN, 13

1882

A AMÉDÉE CANTALOUBE

C'est bien le moins qu'après vingt ans d'une amitié comme la nôtre, je te dédie un livre. Tous mes vers t'appartiennent d'ailleurs un peu, car, si j'ai tenté d'être un poète, c'est à tes premiers encouragements que je le dois. Que j'y aie ou non réussi, ce dont je suis bien sûr c'est d'être toujours fidèlement

ton ami,

ARMAND SILVESTRE.

15 janvier 1882.

*Je sais, au profond de mon être,
Un coin plein d'immortelles fleurs,
Oasis où nul ne pénètre
Que le soleil et l'aube en pleurs.*

*Je sais un jardin plein de roses
Au cœur comme le mien ouvert,
Et qui, dans les hivers moroses,
Gardent un printemps toujours vert.*

*Elles sont rouges, et leur sève
Est comme un sang au mien pareil;
Leur parfum flotte avec mon rêve
Dessus leur calice vermeil.*

*Sœurs vivantes de mes pensées,
Je les retrouve en moi toujours,
Toujours tremblantes et blessées
Au souffle amer de mes amours.*

*Alentour de leur tige frêle
Mes chansons viennent se poser
Et les font vibrer sous leur aile
Avec un bruit lent de baisers.*

Que leur douceur me soit ravie,
Et je meurs désespérément.
Seule, leur ombre sur ma vie
A penché quelque enchantement.

Mon cœur saigne quand on les cueille.
— Saisi d'un caprice pervers,
C'est pour toi que je les effeuille
O toi pour qui j'écris ces vers !

IMPRESSIONS ET SOUVENIRS

Mon cœur triste, mon cœur amer,
Mon cœur est pareil à la mer
Qu'un flux et qu'un reflux déploie.
Des vagues y roulent aussi :
Celles qui s'en vont sont ma joie.
Celles qui viennent mon souci !

LA VÉNUS DE MILO

Ce ne fut ni la chair vivante, ni l'argile
Qui servit de modèle à ce corps radieux :
La femme a moins d'orgueil, — la terre est trop fragile,
Et ce marbre immortel vient du pays des Dieux.

Jamais l'âme cruelle aux amantes cachée
N'eut ce sein ni ce front augustes pour prison,
Et la double colline à ce torse attachée
N'abrite pas un cœur fait pour la trahison.

Comme un rocher marin cette gorge tendue
Vers l'invisible amour des cieux immaculés
Brise de nos désirs la caresse éperdue
Et la refoule au fond de nos esprits troublés.

Image de granit sur nos fanges dressée,
Phare debout au seuil des océans amers,
Statue où le reflet de l'antique pensée
Luit encor sur les temps comme un feu sur les mers !

Toi qui demeures seule à la porte du temple
Dont l'idéal lointain habite les sommets
Et que notre regard avec effroi contemple,
— Celui qui mutila la pierre où tu dormais

Fit au cœur du poète une entaille profonde.
Car, ô Fille des Dieux, immortelle Beauté,
Tes bras, en se brisant, laissèrent choir le monde
Dans les gouffres abjects de la réalité !

LA VÉNUS DE VIENNE

Dans ce marbre héroïque en creusant ta statue,
Un artiste inconnu fixa l'éternité,
O toi dont la splendeur nous fait vivre et nous tue,
Femme de qui les temps connurent la Beauté.

Il te fit cette image immortelle et profonde
Où nos premiers regards retrouvent, éperdus,
L'amante impitoyable et la mère féconde
A qui tous nos malheurs et tous nos maux sont dus!

Pour leur double labeur il arrondit tes hanches
Où meurent les désirs, où les races naîtront ;
Et pencha le sillon de tes épaules blanches
Vers le joug que lui fait la caresse ou l'affront.

Sous ton col généreux il gonfla des mamelles
Robustes à la soif comme aux enlacements,
Où viennent boire, ainsi qu'à des coupes jumelles,
La bouche des petits et celles des amants.

De plis lourds et profonds il sillonna ton ventre,
Lac vivant qu'ont creusé les âges révolus,
D'où l'humanité sort, où l'humanité rentre,
Comme font de la mer le flux et le reflux.

Car, c'est quand l'homme ploie à l'angoisse de vivre
Que l'amour le saisit et, de son bras géant,
Le pousse pantelant et comme une bête ivre,
Vers le gouffre natal où dormait son néant !

ULTIMA GLORIA

Du grand rêve païen par les âges déchue,
Femme, cette douceur amère t'est échue
De garder, sur ton front cher et découronné,
Rameau toujours vivant, le laurier de Daphné.

Si tu n'es plus debout, aux temps durs où nous sommes
Entre l'amour des Dieux et le culte des hommes,
Les poètes du moins, te gardant de l'affront,
Devant tes pieds sacrés courbent encor le front.

Sous le désir troublé dont l'effroi les tourmente,
Ils ne t'appellent plus leur sœur ou leur amante,
Mais regardent, pensifs, luire dans ta Beauté
Le dernier rayon d'or de l'immortalité!

LES CHOSES N'ONT PLUS DE LARMES

A B. MARCEL

Ce n'est pas sur nos maux que la Mer se lamente ;
Ne berçons plus nos cœurs à la plainte des flots,
Car nous ne rendrons pas à l'immortelle amante
Celui que dans l'air vide appellent ses sanglots.

Ariadne, à Naxos, n'attend plus de Thésée ;
Les sœurs de Prométhée ont fui le roc amer,
Les temps sont abolis et la fable épuisée
Qui mêlait l'âme humaine à l'âme de la mer.

LES CHOSES N'ONT PLUS DE LARMES.

Loin des mythes sacrés la raison nous entraîne,
Fermant le cycle d'or des vieux enchantements,
Et nous n'écoutons plus le chant de la sirène
Tendant ses bras d'écume à de mortels amants.

Exilés, par le Temps, de la pitié des choses,
N'ayant plus pour patrie un monde fraternel,
L'homme impie, oublié dans les métamorphoses,
Immuable, poursuit son chemin éternel.

Ni les cieux, ni la mer n'ont plus pour son oreille
De chansons ou de pleurs, — rien qu'un souffle, qu'un bruit !
Et leur voix inutile, au silence pareille,
Ne vient plus consoler nos âmes dans la nuit.

L'antique parenté de la Terre et du Rêve
Ne ceint plus les esprits de ses liens radieux.
Dans un morne infini l'homme isolé s'élève
Et — des choses plus loin — n'est pas plus près des Dieux !

LES FEMMES ET LA MER

Depuis qu'Aphrodite la blonde
Jaillit des bras du flot amer,
Mieux qu'à nous, fidèles à l'onde,
Les femmes ont aimé la mer.

Et la Mer a gardé pour elles
Le tendre regard d'un amant;
Elle vient baiser leurs pieds frêles
Avec un doux gémissement.

L'écume de ses flots plus calmes
Que l'orage ne gonfle pas
Vient poser l'argent de ses palmes
Sur le doux chemin de leurs pas.

L'âme de la mer est pareille
Aux lyres qu'effleure le vent,
Elle murmure à leur oreille
Un chant douloureux et vivant.

Souvent, j'ai voulu, dans un rêve,
Assis au bord du flot moqueur,
Mêler aux chansons de la grève
La triste chanson de mon cœur,

Quand je voyais, enamourées
Par les âcres senteurs de l'air,
Passer sur les plages dorées
Les belles filles au teint clair.

FANTAISIE BRUNE

Comme le vol d'une hirondelle,
Sur un ciel d'aube aux blancs rideaux,
Double, en passant, une ombre d'aile,
Se dessinent tes noirs bandeaux.

Leur ombre jumelle se joue
Sur le ciel de ton front qui luit,
Et, jusqu'aux roses de tes joues,
De sa corolle étend la nuit.

Avant que l'hiver n'effarouche

L'oiseau fidèle, si tu veux,

Je poserai longtemps ma bouche

Au sombre azur de tes cheveux !

FANTAISIE BLONDE

Tout pleins de caresses vermeilles,
Des frissons d'or venus du ciel,
S'envolent, comme des abeilles
De ta chevelure de miel.

Et ces filles de la lumière,
L'aile vibrante de plaisir,
Ont fait de ta blonde crinière
La ruche où pose mon désir.

FANTAISIE BLONDE.

Leur essaim sur tes lèvres fraîches
Des roses laissa la clarté;
Mais tout le poison de leurs flèches
Dans tes yeux cruels est resté!

FIERTÉ

La vie est implacable et lâche
Et n'est clémente qu'aux méchants ;
Car elle meurtrit sans relâche
Les cœurs vers le devoir penchants.

C'est la marâtre qui torture ;
C'est la courtisane qui ment,
Et tout, dans la grande nature,
N'est qu'ironie et que tourment.

FIERTÉ.

Gloire à ceux qui, bravant le doute,
Et, d'eux-mêmes bornant leurs pas,
Ont ouvert à leur propre route
Les portes d'ombre du trépas.

Puisque l'effroi nous prend de suivre
Ces grands morts, d'eux-mêmes vainqueurs,
Et que l'amertume de vivre
Tente invinciblement nos cœurs,

Ah! du moins, sans plainte à la bouche,
Et sans importuner les cieux,
Suivons, vêtus d'orgueil farouche,
Notre chemin silencieux.

Et, sans plier sous le mystère
Que les siècles ont obscurci,
Sachons descendre sous la terre
Sans avoir demandé merci!

DEVANT

LA MAISON DE THÉOPHILE GAUTIER

Le poëte dort : l'oiseau chante.
Mais, près du poëte endormi,
La voix de l'oiseau, plus touchante,
Garde quelque chose d'ami.

Le poëte est mort : la fleur brille.
Mais, près du poëte, la fleur,
Dans la goutte d'eau qui scintille,
Garde quelque chose d'un pleur.

DEVANT LA MAISON DE THÉOPH. GAUTIER.

Le poète attend : l'aube veille,

Qui, du ciel penchant les sommets,

Lui porte, de sa main vermeille,

Le laurier qui ne meurt jamais !

DATE LILIA

Comme deux lys jumeaux dont le double calice
S'élargit, pour laisser saillir, plus vive encor,
La flèche au triple feu des étamines d'or,
S'arrondissent tes seins où grandit mon supplice.

A leur ombre ton cœur mûrit la trahison,
Comme un serpent blotti sous la hauteur des herbes,
Et, de sucs meurtriers gonflant leurs fleurs superbes,
Y distille à ma soif la douceur d'un poison.

Aux jardins de l'amour où la sombre ancolie

Et la ciguë horrible ont des venins connus,

C'est au cœur virginal de deux lys ingénus

Que j'ai bu l'amertume et la mélancolie !

EXIL

Je sais une maison fleurie
D'où mon cœur n'est pas revenu,
Et qui m'est comme une patrie
Où l'exil m'a fait inconnu.

Comme une feuille au vent fanée,
A son seuil de lierre jeté,
En n'y restant qu'une journée
J'y laissai mon éternité.

Car mon rêve, au lierre fidèle
Mêlant mon âme, a suspendu
Au doux toit qui me parle d'elle
L'ombre de mon amour perdu.

Sitôt que son aile m'emporte,
C'est pour y ramener mes pas,
Et je revois la chère porte
Qui sur moi ne se rouvre pas;

Le jardin tout plein de lumière
Où montait sur les cieux pâlis
L'orgueil de la rose trémière
Dominant la candeur des lys;

Et, debout au fond de l'allée
De chênes aux feuillages lourds
Le vieux mur où la giroflée
Posait ses rouilles de velours!

A UN POÈTE

Quand la patrie était comme l'herbe fauchée
Sous les pieds et la dent féroce du vainqueur,
Poète, j'ai pleuré du profond de mon cœur
Et sa splendeur éteinte et sa gloire couchée.

Devant les morts sacrés dont elle était jonchée,
J'ai dit mon désespoir, ma haine, ma rancœur,
Et j'ai mêlé ma voix au lamentable chœur
Dont la pitié s'était vers sa douleur penchée.

Mais aujourd'hui la France a reconquis son rang
Et lavé sa blessure auguste dans son sang :
Ses fils debout sont prêts à défendre leur mère.

En attendant ce jour cher aux cœurs valeureux,
Poète, laisse-moi comme en des temps heureux,
Chanter encor l'amour et sa douceur amère !

SCEPTICISME

A CHARLES CANIVET

Quand la mort nous fera roides et sans haleine,
Squelettes tous les deux, l'un à l'autre pareils,
Et que, pour d'autres yeux, le penchant des soleils
Roulera des flots d'or sur la mouvante plaine;

A l'heure où le berger sous son manteau de laine
Se dresse, morne et droit, sur les couchants vermeils,
La Nuit, nous apportant de fugitifs réveils,
Nous dira le secret dont la vie était pleine.

Nous apprendrons enfin quel Dieu charmait nos pleurs,
Et pourquoi, sous le faix d'inutiles douleurs,
Chemine vers son but l'humaine créature.

Mais jusque-là marchons et souffrons sans savoir
Rien, sinon que l'Amour est l'unique devoir,
Et, le front invaincu, chantons notre torture !

ORAGE

Comme un cavalier noir sur sa route de feu,
De la croupe des monts soulevant des buées,
L'orage à l'horizon fouettant le ciel bleu,
Éperonne d'éclairs la fuite des nuées.

Il galope, sinistre, écrasant son chemin,
Dans l'air épouvanté roulant un bruit d'armure
Et, secouant la Mort aux ombres de sa main,
Des souffles de la Nuit déchaîne le murmure.

Tel je le vois passer, le cavalier de fer,

Au seul vent de ses pas découronnant les cimes,

Tel un amour cruel et venu de l'enfer,

Un jour traîna mon cœur vers d'éternels abîmes !

PAYSAGE

A SCOUTTETEN

Sur les eaux et les bois descend la paix du soir
Et, de l'horizon d'or, comme d'un encensoir,
Monte un souffle attiédi qui vibre sous la nue.
Derrière le taillis, la lune va frangeant
Les nuages massifs d'un long frisson d'argent,
Pour en faire un balcon à son épaule nue.

A THILDA

Quand, penché sur le bord de la vie éternelle,
Gouffre que le néant emplit silencieux,
Tristement vers l'azur indifférent des cieux,
Pour la dernière fois se tendra ma prunelle,

Comptant le peu de bien que la vie eut en elle
Et les obscurs déclins de mes jours radieux,
Je n'accuserai pas l'inclémence des cieux
Et ne maudirai pas cette heure solennelle.

Sans donner un regret aux choses d'ici-bas,

Je dirai : Le sommeil vaut mieux que les combats,

Et, mieux que dans un lit, dans la tombe on repose.

Me rappelant pourtant la fleur qu'en vos cheveux,

Madame, un soir d'été, je vis mourir, je veux

Qu'on jette sur mon corps une feuille de rose.

MATUTINA

*La gloire du matin monte dans les cieux calmes
Et ferme, en souriant, les ailes du sommeil,
Et le jour triomphant pose son pied vermeil
Sur les nuages blancs couchés comme des palmes.*

I

O matin vermeil qui descends

Les marches d'azur des collines,

Et jusque vers la plaine inclines

Ton faisceau de rayons naissants,

MATUTINA.

O Faucheur des ombres dressées
Aux sillons obscurs de la Nuit,
L'or vivant qui dans tes mains luit
Vient des étoiles amassées.

Dans le champ des cieux parcourus,
Comme le moissonneur sa gerbe,
Tu nous fais le soleil superbe
De tous les astres disparus.

En cueillant tes fleurs de lumière,
O Matin, as-tu respecté
L'étoile de qui la clarté
Sur mon front brilla la première ?

L'astre pâle et silencieux
Qui s'envole aux pas de l'aurore
Et que mon rêve cherche encore
Au profond du jardin des cieux ?

Ah! que jamais ta main cruelle
Ne touche cette fleur d'amour
Et n'effeuille aux flammes du jour
Cette rose spirituelle!

II

Lent parmi le calme des eaux
Où se double le ciel nocturne,
Le nénuphar, sous les roseaux,
Ouvre l'or pâle de son urne.

Le Matin qui passe, tout blanc,
Croit voir une étoile tombée
Prise aux verdures de l'étang,
Comme l'aile d'un scarabée.

Vers l'astre captif, plein d'ardeur,
Il étend la main qui délivre ;
Mais, de sa tiède et fine odeur,
La fleur l'enveloppe et l'enivre :

Il s'endort et, sous son front pur,
Passent les visions aimées
D'un ciel terrestre dont l'azur
A des étoiles parfumées.

Tel désertant l'immensité,
J'ai rencontré sur une grève
Une femme dont la beauté
M'a fait le prisonnier d'un rêve.

III

C'est aux rayons d'un matin clair,
A l'heure où s'éveille la plaine,
Que je voudrais mêler, dans l'air,
Au vent frais ma dernière haleine.

Elle irait, sous les cieux pâlis,
Et suivrait l'âme parfumée
Qu'au cœur enamouré des lys
La nuit a longtemps enfermée.

Sur l'aile des papillons blancs
Que le frisson du jour déploie,
Elle irait, aux feuillages lents,
Des brises apporter la joie.

Et, fidèle à l'appel vainqueur
Qui sonne à l'Orient de cuivre,
Elle se perdrait dans le chœur
De tout ce que l'aube délivre !

IV

Des jardins de la nuit s'envolent les étoiles.
Abeilles d'or qu'attire un invisible miel,
Et l'aube, au loin tendant la candeur de ses toiles,
Trame de fils d'argent le manteau bleu du ciel.

Du jardin de mon cœur qu'un rêve lent enivre
S'envolent mes désirs sur les pas du matin,
Comme un essaim troublé qu'à l'horizon de cuivre
Appelle un chant plaintif, éternel et lointain.

Ils volent à tes pieds, astres chassés des nues,

Exilés du ciel d'or où fleurit ta beauté

Et, cherchant jusqu'à toi des routes inconnues,

Mêlent au jour naissant leur mourante clarté.

V

L'aurore frange de carmin
La robe grise de la nue
Et brode, en passant, l'avenue
D'un double feston de jasmin.

Une aiguille d'or à la main,
Comme une fée elle est venue
Mettre leur parure connue
Au ciel d'azur, au vert chemin.

Comme Pénélope, sans trêve,

Elle recommence le rêve

Qu'emportera la fin du jour.

Renaissante et mourante flamme,

Ainsi recommence dans l'âme

L'œuvre éternelle de l'amour.

VI

Comme une floraison de lys,

Monte des horizons pâlis

Une aube aux langueurs d'amoureuse.

Devant ses appâts nonchalants,

Le rideau des nuages blancs

S'ouvre et son lit d'azur se creuse.

Les collines, sous ses beaux seins,

Se frangent, moelleux coussins,

D'une vapeur de mousseline,
Et, sur l'oreiller que lui font
Les brumes au duvet profond,
Sa tête se pâme et s'incline.

Pâle amoureuse du soleil,
Voici que ton époux vermeil
Bondit, superbe, sur ta couche,
Et que tu t'enfuis du ciel bleu ;
Car son premier baiser de feu
A brûlé ton âme à ta bouche.

Sur le grand mont échevelé,
Le sang de ta lèvre a coulé,
Teignant son faîte en rose pâle,
Et, du bord du ciel éperdu,
Un fleuve d'or est descendu
Emportant ton beau corps d'opale.

Mais quand il reviendra, le soir,

Au lit de l'horizon s'asseoir,

Le Dieu farouche et solitaire,

La mer s'emplira de sanglots

Et le soleil à larges flots

De son sang rougira la terre!

VII

Aube qui nais, aube fragile
D'un jour qu'emportera la nuit,
Sans réchauffer mon cœur d'argile,
Ton inutile flamme luit.

Aube qui nais, aube qui roses
Le ciel de fragiles couleurs,
Sans distraire mes yeux moroses,
S'ouvrent tes yeux tremblants de pleurs !

MATUTINA.

Aube qui nais, aube qui chantes
Et dont la voix nous dit d'aimer,
Sur mes espérances penchantes
Tu passes sans les ranimer.

Aube qui nais, aube qui pleures
Sur les lys tes larmes d'argent,
Sans prendre notre âme à ses leurres
S'envole ton éclat changeant !

Fouillant l'horizon, ma prunelle
Cherche derrière les sommets
L'aube sans fin, l'aube éternelle
Du jour qui ne viendra jamais !

VIII

Tandis que l'aurore dénoue
Les cheveux ardents du soleil,
L'or des tiens, flottant sur ta joue,
Luit d'un rayonnement pareil.

Tes bras nus et ta gorge nue
Que baisent tes cheveux mouvants
Se colorent, comme la nue,
De frissons roses et vivants.

Et ta bouche où l'âme attirée
Trouve une éternelle prison
S'ouvre comme la fleur pourprée
Qui monte au bord de l'horizon !

ÉLOGE DE LA LYRE

A SILVAIN

I

La Lyre est l'amie éternelle !
L'Art montre l'éternel chemin !
Tout bonheur durable est en Elle,
En Lui gît tout l'honneur humain !
Aux saintes cordes de la Lyre
Vibre, après l'amoureux délire,
Le réveil de notre fierté.
A notre cœur même arrachées,
Elles chantent, sitôt touchées,
Un hymne d'immortalité !

II

La Lyre est la porte fermée
Qui garde le jardin des cieux :
Par Elle à notre âme charmée
S'ouvre un séjour délicieux.
Comme un chasseur qui tend ses toiles,
Le poète prend des étoiles
Au réseau de ses cordes d'or ;
Et, des planètes effarées
Volant les ailes déchirées,
Fuit dans l'azur plus haut encor !

III

Sonore, éclatante et vermeille,

Oiseau chantant, flambeau qui luit,

La Lyre à l'Aurore est pareille,

Chassant les ombres de la Nuit.

Aux ténèbres du cœur levée,

Souriante et de pleurs lavée,

Elle monte en resplendissant,

Et, sur nos têtes suspendue,

Fait flamboyer, dans l'étendue,

Nos larmes avec notre sang !

AMOUR D'HIVER

OFFRANDE

A vous s'en vont mes vers tremblants
S'abattre devant vos pieds blancs
Comme des colombes blessées ;
Vous êtes ce qu'ils ont chanté,
L'espoir, la grâce, la beauté,
Toutes mes chimères passées.

Tous mes rêves me sont rendus ;
L'ange des paradis perdus

AMOUR D'HIVER.

A leur seuil sous vos traits demeure :
O doux ange au front éclatant,
Ouvrez-m'en la porte un instant
Que je vous aime et que j'en meure !

PRÉLUDE

Êtes-vous femme, êtes-vous ange?
Ou votre nom mentit deux fois,
O charmeresse dont la voix
Tinte avec une grâce étrange?

Vos yeux dont le bleu divin change
Comme celui des fleurs des bois
Jettent, dans les cœurs aux abois,
De crainte et d'espoir un mélange.

De vous je ne sais rien vraiment.
Peut être êtes-vous simplement,
Comme les autres, une femme.

Mais je vous cherche et je vous crains,
Tant vos airs doux et souverains
M'ont troublé jusqu'au fond de l'âme !

I

C'est au temps de la chrysanthème
Qui fleurit au seuil des hivers
Que l'amour cruel dont je t'aime
En moi poussa des rameaux verts.

Il naquit, doux et solitaire,
A ces fleurs d'automne pareil
Qui, pour parer encor la terre
N'ont pas eu besoin de soleil.

Sans redouter les jours moroses
Qui font mourir les autres fleurs
Il durera plus que les roses
Aux douces mais frêles couleurs.

Et si, quelque jour, par caprice,
Ton pied le foule, méprisé :
En même temps que son calice,
Tu sentiras mon cœur brisé.

*
* *

Sentir seulement votre haleine
Passer comme un souffle de mai ;
En boire le flot parfumé
Sur votre lèvre, coupe pleine;

AMOUR D'HIVER.

Baiser sur la toile ou la laine
L'odeur de votre corps aimé ;
Sentir mon cœur longtemps fermé
Refleurir, comme fait la plaine,

Sous le clair soleil de vos yeux.
C'est le rêve délicieux
Que vous m'avez donné, Madame.

Il m'a pris tout entier si bien,
Qu'hors vous ne désirant plus rien,
Pour le reste je n'ai plus d'âme.

*
* *

Si mon cœur devient votre chose,
Ce rien frêle et prêt à souffrir

AMOUR D'HIVER.

Que la femme sous son doigt rose
    Aime à meurtrir ;

Si tout entier je vous le livre,
Humble et tremblant de vous l'offrir,
Laissez-moi la force de vivre
    Pour vous chérir.

Soyez douce ! assez de blessures
Ont bu mon sang sans le tarir :
Il ne saurait d'autres tortures
    Jamais guérir.

Et, comme la fleur sous l'orage
Qui se brise sans se flétrir,
Il ne garde plus de courage
    Que pour mourir !

AMOUR D'HIVER.

⁎⁎⁎

Je vis dans une angoisse affreuse ;
Car je sens, sous ton pied vainqueur,
A ma blessure qui se creuse
Monter tout le sang de mon cœur.

Les ivresses dont tu me sèvres
M'étouffent à faire mourir.
Ma vie est pendue à tes lèvres
Comme un fruit mûr prêt à s'ouvrir.

Et le désir qui te réclame
Ne peut désormais s'apaiser
Que si, d'un trait, tu me bois l'âme
Tout entière dans un baiser !

AMOUR D'HIVER.

De votre première toilette
Sur mon cœur porter un lambeau,
Et baiser chaque violette
Qui fleurissait votre chapeau;

Près des reliques où se leurre
L'ivresse de mes yeux ravis,
Revivre éternellement l'heure,
L'heure charmante où je vous vis;

Sur un de ces riens que peut-être
Vous accorderiez à mes vœux
Boire le parfum de votre être,
De vos seins et de vos cheveux;

AMOUR D'HIVER.

Bien que vous me soyez rebelle,
Me sentant à jamais soumis,
O la plus chère, ô la plus belle,
Ce rêve-là m'est bien permis !

*
* *

Quel souvenir inconsolé
T'avait faite triste et pâlie ?
L'ombre de ta mélancolie
Flotte encor sur mon cœur troublé.

Un rêve s'en est-il allé ?
Ou bien quelque douce folie ?
Mais, dans ce monde tout s'oublie ;
Un regret est vite envolé !

AMOUR D'HIVER.

Ta peine, ô chère créature,
A mis mon âme à la torture.
De tes soucis je suis jaloux.

Que n'écoutes-tu ma prière ?
Ne regarde plus en arrière.
Souris ! ton sourire est si doux !

⁂

Vous voir chaque jour, vous entendre,
Et, plein de désirs insensés,
De votre pitié tout attendre ;
    Est-ce assez ?

AMOUR D'HIVER.

Effleurer seulement vos lèvres
De baisers furtifs et pressés ;
Vivre dans l'angoisse et les fièvres ;
 Est-ce assez ?

Sentir se briser et renaître
Des espoirs que rien n'a lassés,
Avoir un caprice pour maître ;
 Est-ce assez ?

Consumer, comme une cinname,
Sur les chemins où vous passez,
Tous les purs encens de son âme ;
 Est-ce assez ?

Ne plus vivre que dans le rêve
Où mon amour aux vols blessés
Sous vos pieds, tout sanglant, s'élève ;
 Est-ce assez ?

AMOUR D'HIVER.

Hélas! puisqu'à vous, sans partage,
Mes moindres vœux sont adressés,
Si vous ne voulez davantage,
  C'est assez!

* *
*

Je porte sur moi ton image
Ainsi qu'autrefois le Roi Mage
Portait les parfums précieux,
L'encens, la myrrhe, la cinname,
Et je sens brûler dans mon âme
Le désir infini des cieux.

Un rêve divin m'environne :
Ta beauté sous mes yeux rayonne

Comme le seuil d'un Paradis.
Devant elle mon genou plie
Et, tremblant, en elle j'oublie
Les jours malheureux et maudits.

C'est bien toi, c'est ta noble face,
Tes yeux dont le regard efface
Tout rayon et toute clarté !
C'est toi, ma lumière et ma vie,
La splendeur qu'avait poursuivie
Mon rêve toujours indompté.

Salut, ô brune chevelure,
Chères lèvres dont la brûlure
Descend jusqu'au fond de mon cœur,
Poitrine auguste dont l'haleine
Verse, comme une couple pleine,
Dans ma gorge un poison vainqueur !

AMOUR D'HIVER.

*
* *

Quand j'ai lu dans tes yeux trompeurs
Les mensonges de l'espérance,
Je vais le cœur plein de souffrance
Et plein de muettes peurs.

M'aimeras-tu jamais ? je doute.
Car, dans ta cruelle beauté,
Je ne sais quoi que je redoute
M'emplit de mon indignité.

Devant ta splendeur qui me brave,
Je ne sens plus en moi, vraiment,
Que la lâcheté de l'esclave
Et non la fierté de l'amant !

AMOUR D'HIVER.

Je voudrais sur mon cœur qui saigne
Poser tes pieds nus et mourir
— Sans que nul le sache et me plaigne, —
Du mal que tu ne veux guérir.

* *
*

Je vis sous le charme mortel
De tes yeux et de ton sourire
Et sur moi leur pouvoir est tel
Que je ne le saurais décrire....
— Je vis sous un charme mortel !

En moi ton image est entrée
Comme fait un couteau vainqueur ;
Jusqu'au plus profond de mon cœur,
Hélas ! je la sens pénétrée !
— En moi ton image est entrée !

AMOUR D'HIVER.

Je souffre ! et j'aime la douleur

Qui me vient de cette blessure.

Elle s'ouvrit, sous ta main sûre,

Rouge comme une rose en fleur.

— Je souffre ! et j'aime ma douleur !

Mon sang qui coule goutte à goutte

Porte mon âme sous tes pas.

De toi ne la repousse pas,

Alors qu'elle m'aura fui toute...

— Car mon sang coule goutte à goutte !

Car elle est tienne maintenant,

Cette âme fervente et troublée

Par tes yeux divins affolée

Et du reste se détournant.

— Mon âme est tienne maintenant !

Mes vers dits par ta voix chantent à mon oreille,
Dans un rythme plus doux où tinte mon amour.
L'écho dont le refrain endort la fin du jour
Mêle à ses bruits mourants une grâce pareille.

Ce qui fut ma pensée et n'est plus qu'un regret
Se réveille et s'anime en passant sur ta bouche ;
Telle une fée apporte à tout ce qu'elle touche
Le rajeunissement et fleurit la forêt.

C'est que la source d'or de toute poésie
Réside en ta beauté comme en un lieu divin,
C'est que mon rêve obscur serait muet et vain
Si pour l'illuminer Dieu ne t'avait choisie !

*
* *

Dans quelle fleur se cache-t-il
Le parfum divin de ton être,
Si capiteux et si subtil
Que jusqu'à l'âme il me pénètre ?
— Dans quelle fleur se cache-t-il ?

Quelle rose au cœur diaphane,
Ou quel lys du jardin des Cieux
Qu'aucun souffle jamais ne fane
Garde ce souffle précieux ?
— Quelle rose au cœur diaphane ?

Il m'en reste un enivrement
Même après que je t'ai quittée.

AMOUR D'HIVER.

Chère odeur de ton corps charmant !
Avec moi l'ayant emportée,
Il m'en reste un enivrement !

* * *

Avec des frissons inconnus
Mes doigts ont gardé la brûlure
Qu'ils ont prise à ta chevelure,
Qu'ils ont prise à tes beaux seins nus.

Souvenir adorable et vain !
J'y pourrai longtemps reconnaître
L'odeur exquise de ton être,
Le parfum de ton corps divin.

Et, comme une fleur dont mon front
Cache l'invisible fantôme,
J'emporte avec moi cet arôme
Dont les ivresses me tueront !

★
★ ★

Ta beauté m'a vaincu parce qu'elle est pareille
A celle que jadis adora l'art païen ;
Je cherche sur ton front le cep thessalien
Mariant aux bandeaux la pourpre de la treille.

A tes bras où l'éclat de tant de lys sommeille
Mon rêve attache encor le peplum ancien ;
Je voudrais, pour parer ton front patricien,
Un lourd collier que ferme une pierre vermeille.

AMOUR D'HIVER.

Comme autrefois Diane ou Vénus Astarté

Je permettrais que l'air baisât la nudité

De tes cuisses de neige à la blancheur insigne.

Telle tu brillerais à la face des Cieux,

Et, sous tes pieds foulant des tapis précieux,

Je mêlerais ma lèvre au blanc duvet du cygne !

*
* *

Mes désirs, comme un vol de cygnes,

Montent dans l'air où vous passez

Et viennent s'abattre, lassés,

A vos pieds aux blancheurs insignes.

Puis, suivant la splendeur des lignes,

Le long de vos jambes dressés,

Ils les caressent, enlacés
Comme des serpents ou des vignes.

Iront-ils jusque sous vos seins
Dormir les sommeils assassins
Où tout se confond dans l'extase?

Ou mourront-ils plus bas, pareils
Aux fleurs que brûlent les soleils
Sur les bords d'agate d'un vase?

*
* *

Lorsque le printemps reviendra,
Sonnant l'oubli des jours moroses,
Pour toi, ce ne sont pas des roses
Qu'au jardin ma main cueillera.

AMOUR D'HIVER.

Mais, pour rappeler la toilette
Du premier jour où je te vis
Et qui charma mes yeux ravis,
Je chercherai la violette.

C'est la seule fleur que je veux
Pour te revoir toute pareille ;
Et, comme la grappe à la treille,
Je la pendrai dans tes cheveux !

*
* *

Si longtemps que je t'aimerai,
Tout me sera doux dans la vie.
Mon âme à tes yeux asservie
S'enivre d'un mal adoré.

Et telle est l'immense tendresse
Dont m'emplit ton être vainqueur,
Qu'en toi, tout m'est une caresse,
Tout est un charme pour mon cœur!

Un sourire, un mot de ta bouche,
Un regard, invisible aimant,
Bien moins... un rien que ta main touche,
Tout est pour moi ravissement !

*
* *

L'amour qui me ravit tour à tour et m'effare
De flux et de reflux trouble mon cœur amer.
Ta Beauté, devant moi, s'éclaira comme un phare
Et brille sur mes jours comme un feu sur la mer.

AMOUR D'HIVER.

Dans la Nuit où je vais, cette flamme allumée
Tient sur elle fixés mes regards éperdus.
Montre-t-elle un abîme à ma route charmée?
Est-ce une étoile au seuil des Paradis perdus?

Qu'elle annonce pour moi le salut ou le gouffre,
J'accours à sa clarté et te livre mes jours,
Astre doux et charmant, femme par qui je souffre,
Perdu sur l'océan des dernières amours!

*
* *

Je me sens oublié sans oublier moi-même :
C'est un injuste sort que subit mon amour.
Cruel est le souci non payé de retour ;
On devrait cependant être aimé quand on aime !

Loin de tes yeux charmeurs mon angoisse est extrême.
Comme un proscrit je doute et j'attends tour à tour,
Et je regrette un bien qui n'a duré qu'un jour,
Comme si, dans mon cœur, tintait l'adieu suprême.

Je ne me croyais pas si follement épris
Que de sentir mon cœur brisé par ton mépris ;
Et n'avais pas le droit de souffrir de la sorte,

N'ayant rien eu de toi qu'un semblant de pitié.
Aussi je pleure, avec ta fragile amitié,
Moins un bonheur défunt qu'une espérance morte !

* *
* *

Mon cœur est plein de Toi comme une coupe d'or
    Pleine d'un vin qui grise.

AMOUR D'HIVER.

Si jamais doit finir le Rêve qui l'endort,
    Dieu veuille qu'il se brise !
— Mon cœur est plein de Toi comme une coupe d'or !

Mon cœur est sous tes pieds comme une herbe foulée
    Que mai va refleurir.
Si jamais loin de lui doit fuir ta route ailée,
    Puisse-t-il se flétrir !
— Mon cœur est sous tes pieds comme l'herbe foulée !

Mon cœur est dans tes mains comme un oiseau jeté
    Par l'aube en ta demeure.
Ah ! ne lui rends jamais sa triste liberté
    Si tu ne veux qu'il meure !
— Mon cœur est dans tes mains comme un oiseau jeté

II

J'ignorais tout de Toi, ne connaissant encore
Que la douce fierté dont ton front se décore
Et de tes yeux divins la sereine clarté.
Mais aujourd'hui je sais jusqu'au bout le poème
De ton corps enchanté. Voilà pourquoi je t'aime
Avec tes sens nouveaux qu'éveilla ta Beauté !

J'ignorais tout de Toi, ne connaissant encore
Que le baiser furtif dont ton rire sonore

AMOUR D'HIVER.

Effaçait la douceur sur mes lèvres en feu.
Mais aujourd'hui je sais la caresse suprême
Que ferment tes bras nus ! — Voilà pourquoi je t'aime
D'un amour sans mesure et plus qu'on n'aime un Dieu

*
* *

Il me semble parfois que je t'ai reconnue,
Tant tu sembles pareille à mon Rêve immortel.
Tu m'apparus jadis sur quelque antique autel,
Où rayonnait Vénus éblouissante et nue.

Des cieux doux et lointains d'où mon âme est venue
Tu redescends ainsi qu'un astre fraternel,
Fantôme radieux, souvenir éternel
Des chères visions écloses sous la nue !

Tu m'as rendu vivant le type radieux
De la femme pareille à l'image des Dieux,
Et que doit adorer quiconque ne blasphème.

Mon premier idéal s'incarne en ta Beauté.
Dès longtemps j'ai connu ta grâce et ta fierté.
Et, depuis que j'aimais, c'est Toi seule que j'aime !

*
* *

Il n'est de jours heureux que ceux où je te vois.
Tous les autres pourraient s'effacer de ma vie,
Sans que d'un seul regret leur lenteur fût suivie.
Vivre, c'est te revoir ! C'est entendre ta voix !

C'est respirer, plus doux que le souffle des bois,
Le souffle de ta lèvre où mon âme est ravie ;

AMOUR D'HIVER.

C'est mourir lentement sous l'implacable envie
De poser tes pieds nus sur mon cœur aux abois.

Tout le reste n'est plus que mensonge et fumée.
L'univers se résume en Toi, ma bien-aimée.
Ma terre est sur ta bouche et mon ciel dans tes yeux !

En Toi seule commence et finit tout mon rêve.
Ton regard me le rend ; ton sourire l'achève,
Et, dans tes bras, je sens en moi l'âme des Dieux !

*
* *

Quand tu passes, ma bien-aimée,
L'air est plus doux à mes poumons
Et la route est comme charmée.
Ma bien-aimée,
Aimons !

8.

AMOUR D'HIVER.

Quand tu souris, ma bien-aimée,
Les bois, les fleuves et les monts,
Toute la Terre est embaumée.
    Ma bien-aimée,
        Aimons !

Quand tu chantes, ma bien-aimée,
Oubliant fanges et limons,
Mon âme s'élève, pâmée.
    Ma bien-aimée,
        Aimons !

* * *

Sous la treille où la clématite
Disperse ses flèches d'argent,
En avril, par un ciel changeant,
Nous irons tous deux, ma petite.

AMOUR D'HIVER.

La chanson qui descend des nids,
Le parfum qui monte des roses
Enlaceront nos cœurs moroses
Dans des bercements infinis.

Et, peut-être, sous le ciel bleu
Où tout est tendresse, où tout aime,
Tu sentiras enfin, toi-même,
Le désir de m'aimer un peu !

★
★ ★

Je te revois enfant, — comme tu m'as conté, —
A la fleur des pavots, comme des fleurs pareilles,
Mêlant le rouge éclat de tes lèvres vermeilles,
Brune dans l'or des blés qu'avait jaunis l'été.

Je te revois enfant, dans la folle gaîté
Des vendanges, buvant le sang tiède des treilles,
Et puis, l'hiver venu, durant les longues veilles,
Réveillant le foyer de ton rire argenté.

Je recueille avec toi, comme des fleurs fanées,
Les souvenirs charmants de tes jeunes années
Et, dans mon cœur pieux, je les garde à mon tour.

Plus loin que le présent remonte ma tendresse,
Et j'envie au passé jusques à la caresse
Dont t'entourait jadis le paternel amour.

*
* *

Que l'heure est vite passée
Où dans mes bras te penchant

AMOUR D'HIVER.

Tu berces de ton doux chant
Le rêve de ma pensée !

Avec les mots que tu dis
Mon âme flotte à ta bouche
Et ton souffle qui la touche
La transporte au paradis.

O les jours délicieux
Qu'ainsi tu m'as fait connaître !
Toi qui gardes dans ton être
Le charme infini des cieux !

*
* *

L'hiver de cet an est si doux
Qu'on y voit mainte fleur renaître,

AMOUR D'HIVER.

Ainsi qu'au printemps, et peut-être,
O ma mignonne, est-ce pour nous.

C'est pour que sous les cieux moroses
Où toi seule encore es clarté,
Je puisse entourer ta beauté
De violettes et de roses.

Un souffle suspend, dans les airs,
Le vol de la neige et du givre
Afin de laisser pour toi vivre
Le charme des jardins déserts.

Mais l'éclat que portent en elles
Ces fleurs est prompt à se flétrir.
Mon âme, pour te les offrir,
Je voudrais des fleurs éternelles !

AMOUR D'HIVER.

* * *

Tu ne sauras jamais de quelle amour profonde
T'aime ce triste cœur que je croyais fermé,
Trépassé que tes yeux divins ont ranimé,
Rouvrant sur lui l'azur et la lumière blonde.

Ta beauté comme une aube y fait surgir un monde
Étincelant et clair, sous un ciel enflammé.
Telle on dit que Vénus sur l'univers charmé
Resplendit en sortant des bras amers de l'onde.

Je me croyais heureux, ayant enfin dompté
Le désir qui nous jette aux pieds de la beauté
Et nous met dans le cœur la torture suprême.

J'étais fou ! rien ne vaut cet immortel tourment
Qui me vient de ton Être et cruel et charmant.
Si je souffre pour toi qu'importe : du moins j'aime !

★
 ★ ★

Ce n'est pas en amant seulement que je t'aime.
C'est plus profondément et d'un cœur mieux navré.
Car ce qui me ravit dans ton être adoré,
C'est mieux que ta beauté divine, c'est toi-même ?

Ce n'est plus seulement l'âpre et rude désir
Qui m'enchaîne à tes pieds, ma belle souveraine ;
Une pensée en moi plus tendre et plus sereine
Réclame mieux de toi qu'une heure de plaisir.

AMOUR D'HIVER.

Bien d'autres t'ont aimée, et mon amour en gronde,
Bien d'autres t'aimeront qui vont venir après.
Pour te garder à moi, chère âme, je voudrais
Mieux t'aimer à moi seul que le reste du monde !

III

Tu l'as bien dit : je ne sais pas t'aimer.
Tout ce qu'un cœur peut enfermer d'ivresse,
Cacher de pleurs et rêver de caresses,
N'est pas encor digne de te charmer.
— Tu l'as bien dit : je ne sais pas t'aimer !

Tu l'as bien dit : mes tendresses sont vaines,
A moi, vaincu que ta grâce a dompté,
Qui ne sais rien qu'adorer ta beauté
Et te donner tout le sang de mes veines.
— Tu l'as bien dit : mes tendresses sont vaines !

AMOUR D'HIVER.

Tu l'as bien dit : ce n'est pas de l'amour,
Le feu qui, seul, se consume dans l'âme
Sans allumer ailleurs une autre flamme
Et sans brûler une autre âme à son tour.
— Tu l'as bien dit : ce n'est pas de l'amour !

* *
*

Pourquoi m'avoir donné ce que tu m'as repris ?
C'est d'un cœur moins léger et plus sûr de soi-même
Qu'on devrait seulement dire ces mots : je t'aime !
Les plus sacrés de tous à qui connaît leur prix.

Qui les traite en ce monde avec un tel mépris
Est infâme et qui ment, en les disant, blasphème.
Pourquoi m'avoir donné cette ivresse suprême
Pour l'arracher après de mon cœur trop épris ?

AMOUR D'HIVER.

Vá! je ne t'en veux pas. D'un bonheur éphémère
Je porte le regret et la mémoire amère
D'un cœur ferme et que rien ne peut faire ployer.

Qu'importe qu'en saignant ma blessure se creuse!
Je ne veux rien de toi que te savoir heureuse
Et ne demande rien au temps que d'oublier!

*
* *

Tu ne savais donc pas comme je t'eusse aimée,
De quel culte fervent j'eusse adoré tes pas,
Dans quel monde d'amour je t'aurais enfermée!
Non! pour m'avoir trahi tu ne le savais pas!

Cruelle, que veux-tu maintenant que je fasse
De ce torrent d'amour qui me brûle le cœur!

Tout le sang qu'il contient remonte à la surface
Et crie au ciel ton nom implacable et vainqueur!

Le vide est devant moi : c'est une chose affreuse
Qu'un rêve qui vous prend et qui vous brise après.
Pour meurtrir à ce point mon âme douloureuse,
Tu ne sais pas encor comme je t'aimerais!

*
* *

Comme d'un regard, comme d'un sourire
Tu me reprends l'âme et sais me charmer!
O cruel pouvoir qu'on ne peut décrire!
Ne pouvant plus croire il me faut aimer!

J'avais consumé mon sang dans les fièvres!
Malgré tes rigueurs et tes abandons,

Sur un mot de toi je cours à tes lèvres

Y boire le vin lâche des pardons !

O femme, ta force est notre faiblesse.

Heureux qui, sentant monter sa rancœur,

Cesse de baiser la main qui le blesse

Et de tes mépris protège son cœur !

*
* *

Ne souffre plus ! Tu vois que je suis résigné.

Ma peine cependant est égale à la tienne.

Car il n'est, dans mon cœur, rien qui ne t'appartienne

Et le sang que tu perds, c'est moi qui l'ai saigné !

Ne souffre plus. Ton mal n'est pas sans espérance.

Tu ne saurais aimer à moins qu'on t'aime aussi.

AMOUR D'HIVER.

Mais moi qui t'aime, hélas ! sans retour ni merci,
Mon deuil est plus amer et pire ma souffrance !

Ne souffre plus ! Espère et regarde ces fleurs.
Le printemps t'y sourit, même en ces jours moroses.
Le destin qui te fit belle comme ces roses
Comme elles te fera renaître sous les pleurs !

*
* *

Et comment serais-je rebelle
A ses regrets, à ses serments ?
Double secret de mes tourments :
Je suis lâche autant qu'elle est belle !

Mais ne crois pas, au moins, cruelle,
Que je ne sache que tu mens.

AMOUR D'HIVER.

O les misérables amants !
Oh ! la trahison mutuelle !

En te revenant, je le sais,
Je cours à des maux insensés.
Tu le veux ! j'obéis. Qu'importe !

Puisqu'il faut à ton pied vainqueur,
Pour le meurtrir encore, un cœur,
Prends le mien, je te le rapporte !

*
* *

Peu m'importe que de la nue
Le voile soit triste ou joyeux.
Depuis que tu m'es revenue,
Je n'ai plus regardé les cieux.

AMOUR D'HIVER.

Tes yeux d'azur restent les mêmes :
Vers eux seuls montent mes souhaits.
Mon ciel est joyeux si tu m'aimes,
Il est triste si tu me hais.

Dans l'arche, avec toi, ma colombe,
Rentrent les espoirs palpitants...
Qu'importe que la neige tombe
Si, dans mon cœur, c'est le printemps !

*
* *

J'ai respiré, durant une heure,
Le parfum des beaux jours perdus.
Car ces biens, que tout bas je pleure,
Quelques instants m'étaient rendus.

AMOUR D'HIVER.

※
＊ ＊

Ah! du moins, pour toi je veux être
L'ami que cherchera ta main,
Qui t'empêchera de connaître
La lassitude du chemin.

Cet ami qu'on dédaigne à l'heure
Où tout est comme un printemps vert,
Mais qu'on retrouve, quand on pleure,
Fidèle et le cœur grand ouvert.

Sois heureuse! que tout soit charmes
Pour ta jeunesse et ta beauté.
Mais, du moins, garde-moi tes larmes :
Mon amour l'a bien mérité !

ÉPILOGUE

Nous nous disions : quand le printemps
Ramènera dans son haleine
La splendeur des lys éclatants
Et l'allégresse de la plaine.

O printemps qui ne reviens pas !
Quand du bout d'azur de ton aile
Tu réveilleras sur nos pas
L'âme des choses fraternelles.

AMOUR D'HIVER.

Sous les bercements infinis
Des feuillages que tu caresses,
Quand, de la tendresse des nids
L'écho doublera nos tendresses.

Quand passera sur notre front
Le frisson de tes palmes vertes,
Quand nos baisers s'embaumeront
Au calice des fleurs ouvertes,

Étant de ces cœurs que ravit
Tout ce que ton éclat décore,
Dans l'amour de tout ce qui vit,
Nous nous aimerons mieux encore !

Nous nous mêlerons, radieux,
A ta grande fête, ô notre hôte,
Sentant en nous l'âme des Dieux.
Hélas ! à qui de nous la faute ?

AMOUR D'HIVER.

Dans un souvenir sans remords
Je compte les heures trop brèves.
— Le printemps naît! l'amour est mort.
Ce que c'est que nos pauvres rêves!

VERS POUR ÊTRE CHANTÉS

A S. G.

REGRET D'AVRIL

Il n'est chansons qu'au temps d'avril
Quand, sur les lilas en péril,
Le vent frileux palpite et pleure.
Il n'est chansons qu'au matin clair
Où, dans la caresse de l'air,
Tinte la jeunesse de l'heure !

Il n'est amour qu'au temps de mai
Quand la rose au cœur parfumé

REGRET D'AVRIL.

S'ouvre aux souffles tièdes des grèves.
Il n'est amour qu'au soir vermeil
Où l'aile rose du soleil
Se referme, au loin, sur nos rêves.

Au temps d'hiver et des glaçons
Il n'est plus amour ni chansons !
Plus de lilas ! et plus de roses !
Les matins sont silencieux
Et les soirs descendent des cieux
Mélancoliques et moroses !

CHANSON D'HIVER

Dans la forêt que l'hiver navre
J'allais silencieux et seul ;
La terre était comme un cadavre
Où la neige jette un linceul.

Les dernières feuilles froissées
Couraient sur le sol sans gazons
Et, sur le deuil de mes pensées,
Planait le deuil des horizons.

CHANSON D'HIVER.

Les grands arbres jaunes de mousse
Pleuraient sur les lis défleuris.
La pitié des choses est douce
A ceux que l'amour a meurtris.

Mon cœur est le bois morne et sombre
Dont le vent broya les sommets ;
C'est le mort aux yeux noyés d'ombre
Qu'un voile recouvre à jamais.

Ah ! sous les larmes des vieux chênes,
Je voudrais dormir à côté,
Et, par les floraisons prochaines,
Sentir mon cœur ressuscité !

LES LILAS

Quand les printemps m'étaient joyeux
Prenant leur azur à tes yeux
Pleins d'une éternelle promesse,
Les clochettes des lilas blancs,
Dans la brise, à nos cœurs tremblants
Chantaient une amoureuse messe.

Des alléluias infinis
Montaient des buissons pleins de nids,

LES LILAS.

Et le cœur odorant des roses
Se balançait dans l'air du soir
Avec des parfums d'encensoir.
— Mais, à présent, printemps morose!

C'est le réquiem des amours
Que murmure au déclin du jour
L'oiseau sur les branches lassées ;
Et les clochettes des lilas
Dans l'air léger tintent le glas
Des espérances trépassées !

TRISTESSE

Sous le poids des ans révolus
Se sont penchés nos fronts moroses,
Si bien que nous ne savons plus
Pourquoi les printemps ont des roses.

Les oublis et les abandons
Ont mis sur nous leur main méchante,
Si bien que nous nous demandons
D'où vient que le rossignol chante.

Fêtes des forêts et des champs
Viennent mourir à notre porte.
Souffle des fleurs, âme des chants,
Avec lui l'amour les emporte!

CHANSON D'AMOUR

J'aime tes yeux, j'aime ton front,
O ma rebelle, ô ma farouche,
J'aime tes yeux, j'aime ta bouche
Où mes baisers s'épuiseront.

J'aime ta voix, j'aime l'étrange
Grâce de tout ce que tu dis,
O ma rebelle, ô mon cher ange,
Mon enfer et mon paradis !

CHANSON D'AMOUR.

J'aime tout ce qui te fait belle,
De tes pieds jusqu'à tes cheveux,
O toi vers qui montent mes vœux,
O ma farouche, ô ma rebelle !

O GIUVENTA PRIMAVERA

Le pied blanc de l'aube a laissé
Des poussières d'argent sur l'herbe
Et mis un pleur vite effacé
Au cœur d'argent des lys superbes.
— O les beaux matins de printemps
Où le soleil, dans les rosées,
Allume des fleurs irisées
De feux légers et palpitants !

Quand elle eut sur mon cœur joyeux
Mis son pied, vivante lumière,

O GIUVENTA PRIMAVERA.

Des larmes mouillèrent mes yeux
Et mon cœur s'en fut en poussière.
— O les beaux matins de printemps,
Où l'âme, aux fleurs appareillée,
Des baisers de l'aube mouillée,
S'emplit de rayons éclatants.

Le vent a séché sur les fleurs
Ce duvet brillant d'eau céleste;
De celle qui causa mes pleurs,
A peine un souvenir me reste.
— O les beaux matins de printemps!
Pour la nature et pour la vie,
Votre douceur, trop tôt ravie,
Ne dure que bien peu d'instants!

TOUT S'OUBLIE

L'été ne sait pas les chansons
Que le printemps chantait au saule ;
L'été marche et sur son épaule
S'entasse l'or de la moisson ;
Dans sa chevelure superbe
Fleurissent les fleurs de la gerbe.
— L'été ne sait pas les chansons
Que le printemps chante au brin d'herbe.

L'automne ne sait plus le chant
Que l'été lançait vers la nue ;

L'automne s'assied, tête nue,
Aux pieds rouges du cep penchant.
Le cuivre mêle son haleine
Aux plaintes de la tonne pleine.
— L'automne ne sait plus le chant
Que l'été lance dans la plaine !

L'hiver ne sait plus le refrain
Dont l'automne emplissait la vigne.
L'hiver rêve, ayant pour tout signe
Les pieds sur les chenets d'airain.
La neige par le toit filtrée
Argente sa tête sacrée.
— L'hiver ne sait plus le refrain
Dont l'automne emplit la vesprée !

LA NOCTUELLE

A VICTOR CAPOUL

> *On l'appelait la noctuelle pour ce qu'elle errait, chaque nuyct, blanche et eschevellée.*
>
> (Vieux conte toulousain.)

Au blanc soleil de minuit
Qui semait d'argent la grève,
Elle allait, pâle et sans bruit,
Le front perdu dans un rêve.
Des genêts d'or s'effeuillaient
Et les vers luisants brillaient

Sur sa route habituelle.
L'onde claire des étangs
Baisait ses cheveux flottants.
— On l'appelait la noctuelle.

Où vas-tu, sauvage enfant,
Par ces routes ignorées ?
— Je vais où souffle le vent
Des amours désespérées.
Car, apprends-le, je t'aimais !
Je ne te l'ai dit jamais,
Ma peine était trop cruelle !.
Mais puisque tu pars demain,
Ami, donne-moi ta main.
— Adieu donc, pauvre noctuelle !

Je revins longtemps après,
Las du monde où l'on oublie,

Sûr que je la reverrai

Plus aimante et plus jolie.

L'âme des anges s'enfuit

Vers les cieux profonds où luit

Une aube perpétuelle.

La nuit, la mer et les bois

M'ont dit, pleurant à la fois :

— Elle est morte la noctuelle !

LA CHANSON DU SOUVENIR

Dans le vol tremblant de l'heure
Que nul ne peut retenir
Passe lentement et pleure
La chanson du souvenir.

Et quand sa course l'emporte
Plus loin que ne vont nos yeux,
Plus d'une voix longtemps morte
Murmure encor des adieux.

LA CHANSON DU SOUVENIR.

Ainsi chaque heure envolée
Du nid fragile des jours
Nous fait plus inconsolée
La perte de nos amours !

EN MAI

Dans la tiède haleine des fleurs
Le printemps passe par bouffées,
Brodant l'aile aux mille couleurs
Des libellules et des fées.

Son vol accroche aux réseaux verts
Des broussailles ébouriffées,
Dépouille errante des hivers,
De longs fils de soie, en trophées.

L'air du soir sonne les abois

Des belles filles décoiffées :

— Dans nos cœurs, comme dans les bois,

Le printemps passe par bouffées !

BONNE CHANSON

Dans l'air plein de clameurs méchantes,
De sanglots et de bruits moqueurs,
Pour chasser l'angoisse des cœurs,
Passe le refrain que tu chantes.

Le refrain plaintif où tu dis
La fuite des heures aimées
Et combien sont vite fermées
Les portes d'or du paradis !

Le chant dont la douceur étonne
L'oiseau muet sous le buisson,
La mélancolique chanson
Que je t'appris un soir d'automne !

RESSOUVENIR

Dans les grands bois que l'automne
A lentement dépouillés,
Sous les arbres effeuillés
Que berce un vent monotone,

Devant les tristes couchants
Rayés de pourpre et de cuivre,
Mon souvenir aime à suivre
Le déclin des jours penchants.

RESSOUVENIR.

Des langueurs d'aube pâlie,
En passant dans l'air du soir,
Mêlent un frisson du soir
A cette mélancolie.

Dans mon cœur toujours blessé,
Comme un frémissement d'aile
Renaît l'amour trop fidèle
Que j'avais cru trépassé.

Et si rien ne me protège
Du mort mal enseveli,
Bientôt s'en fondra l'oubli,
Comme un soleil fond la neige !

MYSTÈRE

Je veux que le matin l'ignore
Le nom que j'ai dit à la nuit,
Et qu'au vent de l'aube, sans bruit,
Comme une larme il s'évapore.

Je veux que le jour le proclame
L'amour qu'au matin j'ai caché,
Et, sur mon cœur ouvert penché,
Ainsi qu'un grain d'encens l'enflamme.

MYSTÈRE.

Je veux que le couchant l'oublie
Le secret que j'ai dit au jour
Et l'emporte, avec mon amour,
Aux plis de sa robe pâlie!

LA PLAINTE DE SAPHO

A MADEMOISELLE ROUSSEIL

I

Celui qui passait triomphant
Debout dans sa grâce farouche,
Sous l'or de ses cheveux d'enfant
Dont le flot attirait ma bouche,
Celui dont la feinte douceur
M'atteignit de blessures telles,
C'était Phaon le beau chasseur
Dont les flèches étaient mortelles !

II

Comme Phœbus, l'archer des cieux

Dont nul ne fuit la flèche sainte,

Il passait, lent et gracieux,

Le front couronné d'hyacinthe.

Vainqueur, il traînait sur ses pas

Mon âme par lui déchirée,

Et mon sang qu'il ne comptait pas

Empourprait sa route sacrée !

III

Pareil au feu de l'Orient
Qui monte des bords de la plaine,
Il s'était levé, souriant,
Dans le ciel d'or de Mitylène.
O jour pour moi sans lendemain !
De mes yeux cachant la brûlure,
Aveugle, j'ai pris son chemin
Aux parfums de sa chevelure !

IV

Mon cœur ne s'est pas révolté
Contre la loi qui porte en elle
Que de l'éternelle Beauté
Vienne la torture éternelle.
Toi qui fis descendre aux enfers
Mon âme à ton charme asservie,
Phaon, les maux que j'ai soufferts,
Je les pleure et je les envie.

V

Car je ne te reverrai plus,
O fils rayonnant d'une aurore,
Et, plus que jamais superflus,
Mes cris t'appèlleraient encore !
Aux astres déclinants pareil
Dont la nuit seule sait le nombre,
Tu descendis au flot vermeil
Où ma plainte évoque ton ombre.

VI.

Mer aux abîmes infinis,
Ainsi qu'autrefois Cythérée,
Je pleure un nouvel Adonis
Le long de ta route sacrée.
Ton bruit doucement obsesseur
Emporte, en la berçant, ma plainte...
Car il est mort, le beau chasseur
Au front couronné d'hyacinthe!

A TRAVERS LA VIE

O jeunesse ! ô clarté des aubes envolées,
Ombre des anciens jours, feu des astres éteints,
Or des blés moissonnés, parfum des fleurs foulées,
Verdoyante forêt des souvenirs lointains !

SOUVENIR DE JACQUEMART

Grand artiste couché sous la terre éplorée,
Vaincu frappé debout sous la pierre étendu,
Rêveur déchu du haut de ton rêve éperdu,
Je veux chanter en vers ta mémoire sacrée.

L'outil dur des graveurs dans ta main inspirée,
Comme un stylet de feu vers l'idéal tendu,
De l'âpre vérité fouillant le ciel ardu,
Y traça, dans l'art pur, une route ignorée.

Ton pinceau si léger qu'on l'aurait cru mouillé
Des seuls pleurs du matin sous le bois effeuillé
Fit revivre l'azur dans sa clarté première.

Interprète immortel du charme aérien,
Dans l'ombre descendu si ton corps n'est plus rien,
Ton œuvre te survit tout baigné de lumière.

29 septembre 1880.

A VICTOR HUGO

I

Quatre-vingts ans déjà, qu'au ciel de la Patrie,
Ployante sous le joug et par le fer meurtrie,
Un astre se leva, pâlissant les flambeaux,
Comme fait le matin les lampes des tombeaux.

Comme une rose teinte au sang de la victoire,
A l'horizon brumeux où fumait le canon,
Du vieux sol paternel jaillit la fleur de gloire,
O poète immortel, où rayonne ton nom.

A VICTOR HUGO.

Quatre-vingts ans, déjà, que ce beau nom sonore,
Secouant dans l'azur des fanfares d'aurore,
Traînant des étendards à l'Orient vermeil,
Réveilla l'art français de son trop long sommeil !

Sur les autels brisés la Nuit était venue,
Que déchirait d'éclairs la fureur des combats,
Quand, soleil radieux, tu rajeunis la nue,
Proclamant que l'art seul est un maître ici-bas !

Sur le seuil tourmenté de ce siècle farouche,
Ainsi qu'un feu du ciel qui fait pur ce qu'il touche,
Lumineux et puissant, tu mis ton pied vainqueur,
Et la France sentit s'apaiser son grand cœur.

Car tu portais aux plis de ta robe étoilée,
Prophète au front pensif parmi les fronts élus,
L'oubli des deuils sanglants de la France voilée
Et l'éternel pardon des âges révolus.

A VICTOR HUGO.

Ta main tenait la clef formidable d'une ère :
Et c'est pourquoi ton nom, comme un bruit de tonnerre,
De l'avenir ouvert doux et sublime enfant,
Sonne encore aujourd'hui dans l'écho triomphant !

Hugo ! Victor Hugo ! — Cri des saintes batailles
Où le Juste et le Beau vainquirent à la fois,
Où, — pareil à l'armure aux profondes entailles, —
L'âge de fer s'ouvrit devant l'âge des Lois !

Hugo ! Victor Hugo ! — Nom que la foule acclame !
Large comme la mer et pur comme la flamme,
Par les rocs déchirés et les buissons épais,
Tu creusas le sillon de l'éternelle paix !

Hugo ! Victor Hugo ! — Mots, qu'en lettres brûlantes,
Le temps écrit au front des âges à genoux,
Orgueil des bons, effroi des gloires chancelantes,
Salut, ô nom sacré du plus grand d'entre nous !

II

Vieillard auguste au front neigeux comme les cîmes,
Et de qui la pensée habite les sommets,
Aigle calme et debout, après les vols sublimes,
Le génie ouvre encor l'aile que tu fermais !

Chaque souffle, en passant, la déploie et t'enlève
Plus haut et par delà les occidents houleux,
Et fait planer ton verbe, ainsi qu'un large glaive
Posé sur le coussin des grands nuages bleus !

A VICTOR HUGO.

La jeunesse du cœur rit encor sur ta bouche,
O frère des proscrits qui connus leur chemin,
Et, du lit de lumière où ta splendeur se couche
Rayonne ta pitié sur tout le genre humain !

Tu ne descendras pas sous quelque mer profonde,
Flambeau d'un jour plus long que tous nos jours mortels :
Car la gloire te pose à l'horizon du monde,
Comme un ostensoir d'or au faîte des autels !

La brume des encens auréole d'hommage
Le superbe couchant de tes ans glorieux,
Et, d'un nimbe de pourpre, entoure ton image
Dont l'éblouissement effare encor nos yeux !

Car, ô Maître, en Toi seul, vit l'honneur de la lyre
Qui sentit, tour à tour, sous ton doigt souverain,
Devant le livre ouvert, où les temps viendront lire,
Vibrer ses cordes d'or et ses cordes d'airain !

Car, ô Maître, en Toi seul vit l'honneur de cet âge
Où ta voix, dominant le chœur des Nations,
Fraternelle, appela les peuples au partage
Du fruit fécond et mûr des révolutions !

O poëte clément qui, parmi nous, demeures,
Toi qu'un rêve d'en-haut doit tenter si souvent,
Va, la gloire, pour toi, n'attend pas que tu meures,
Et l'immortalité te saisit tout vivant !

25 février 1881.

MAI

Mai passe dans les champs comme un enfant de chœur,
De ses petites mains versant avec délices,
Dans les grands lys ouverts ainsi que des calices,
Des larmes du matin la céleste liqueur.

Devant l'ostensoir d'or que le soleil vainqueur
Dresse sous le dais bleu du ciel aux azurs lisses,
Comme un enfant de chœur sous ses blanches pelisses,
Mai s'agenouille et chante un doux hymne à plein cœur.

Des roses qu'entr'ouvrit le zéphir qui les frôle,
Ainsi qu'un encensoir balançant la corolle,
Il mêle des parfums à l'haleine des chants.

Du renouveau divin célébrant le mystère,
D'hozannas et d'encens enveloppant la terre,
Comme un enfant de chœur Mai passe dans les champs !

Mai 1881.

ASTARTÉ

A FEYEN PERRIN

Celle qui tord au vent sa lourde chevelure
Où le rouge soleil a laissé sa brûlure,
Avant que de descendre aux gouffres de la mer,
C'est Astarté, la fille implacable de l'onde,
L'immortelle Beauté qui torture le monde,
Dont la lèvre, en douleurs comme en plaisirs féconde,
A gardé pour nos pleurs le sel du flot amer.

Mai 1881.

ADIEUX A UNE COMÉDIENNE

Au seuil de la maison dont vous étiez l'exemple,
Nous demeurons pensifs, alors que vous partez,
Alexis! — Car, en vous, notre regret contemple
L'honneur de tant de jours par des succès comptés!

Un demi-siècle est là qui garde la mémoire
Des types immortels que votre âme anima.
Un demi-siècle entier que l'Art, dans son histoire,
Met votre nom vaillant près des noms qu'il aima!

Et ce temps de travail qui vous fut long peut-être,
Nous fut trop court à nous qui venions, chaque soir,
Comme des fils pieux au foyer de l'ancêtre,
Jaloux de vos leçons, nous instruire à vous voir!

Ah! c'est le public seul que vous quittez! Nous autres,
Nous vous gardons en nous, étant par vous formés :
Nous sommes vos enfants! Nos succès sont les vôtres !
C'est vous qu'on applaudit en nous que vous aimez !

Et vous serez toujours de cette troupe élue
Que garde de l'oubli le souvenir vainqueur,
Alexis! — Car, en vous, notre respect salue
L'artiste au noble esprit et la mère au grand cœur!

Juillet 1881.

DÉPART

Que la route vous soit fleurie,
Pleine de parfums et de chants,
Vous qui sur les coteaux penchants
Allez cueillir la Rêverie.

Que la Nature vous sourie,
Vous donnant l'oubli des méchants,
Et puisse être la clef des champs
Légère à votre main chérie.

DÉPART.

Moi je demeure et me souviens ;
Car ils sont loin de moi les biens
Dont le temps a brisé la trame.

En fuyant vers un ciel plus beau,
Gardez la moitié de mon âme.
— L'autre est déjà dans le tombeau !

Juillet 1881.

VIEILLE MAISON

Dans le vieil hôtel catholique
J'aime surtout la grande cour
Où veille un fantôme de tour
Sur lequel un lierre s'applique.

Un platane mélancolique
Y garde avec un vague amour
Une urne à l'austère contour
Où dort, sans doute, une relique.

Dans sa niche aux coins vermoulus
La vieille Pomone n'a plus
De fruits à sa tête meurtrie.

Et l'âme des siècles défunts
Flotte là parmi les parfums
De mainte rose défleurie !

Toulouse, 15 août 1881.

RENCONTRE

A OGIER D'IVRY

Avec ses grands yeux noirs et sa bouche de mûre,
Et de ses lourds cheveux la nocturne toison,
Elle a mis dans mon cœur l'effroyable poison
Dont on aime à souffrir malgré qu'on en murmure.

Astre pâle qu'on voit à travers la ramure,
D'un seul rayon, sa flamme a fondu ma raison.
O Femme épanouie en pleine floraison !
O vendange d'amour, ô belle vigne mûre !

Comme un ressuscité que grisaient tes parfums

J'ai senti le relent de mes amours défunts

Remonter moins amers à mes lèvres pâlies.

Et, sous l'effarement de ta fière beauté,

Sans vœux et sans espoir, mon esprit s'est jeté

Dans un lac d'amertume et de mélancolie.

Septembre 1881.

LES FILS DE PROMÉTHÉE

« Eripuit cœlo fulmen. »

I

Devant les splendeurs d'un autre-âge,
Les siècles longtemps prosternés
Tendaient vainement leur courage
Vers la gloire de leurs aînés.
Les spectres de Rome et d'Athènes
Voilaient, de leurs ailes lointaines,
La route à la postérité,
Et l'avenir, demeuré sombre,

Cheminait, sans sortir de l'ombre
De l'héroïque antiquité !

Soudain, comme un souffle s'élève
Des bords pourprés de l'horizon,
Ou comme luit l'éclair d'un glaive
Sorti du fourreau, sa prison,
Plus farouche qu'une épopée
Et plus lumineux qu'une épée,
L'esprit moderne a resplendi,
Du bout de son aile sonore
Secouant des clartés d'aurore
Au front du vieux monde engourdi !

Quel réveil ! La science humaine,
Levant son flambeau rajeuni,
Par des chemins nouveaux ramène
L'âme au chemin de l'infini :
Tout navire emporte son hôte ;

La toison d'or de l'Argonaute
Se déchire aux mains des vainqueurs.
L'homme fouille jusqu'en son être,
Et la sainte ardeur de connaître
Brûle, en même temps, tous les cœurs !

Tout est conquis dans la nature :
Au ciel, restait à conquérir
Sa flamme redoutable et pure,
Le feu qui fait vivre et mourir !
Aigle s'envolant de son aire,
Volta lui ravit le tonnerre
Et l'apporte à l'humanité.
A servir l'homme condamnée,
Par lui la foudre est enchaînée
Et s'appelle Électricité !

Depuis ce jour que de merveilles
Évoque ce nom triomphant !

Quels trésors ont payé tes veilles,
Rival des dieux, humble savant!
Cette flamme à l'azur volée
Et, sous mille formes voilée,
A tous nos vœux obéissant,
Esclave douce et sans colère,
Aux flancs du Monde qu'elle éclaire
Circule comme un nouveau sang.

Par mille veines répandue
A travers l'éther et le sol,
Elle emporte dans l'étendue
Notre âme attachée à son vol.
Aux cordes d'une lyre immense,
Par elle, san fin recommence
Le chant commencé dans nos cœurs :
Temps et distance, tout est leurre !
Devant elle, l'Espace et l'Heure
Semblent fuir sur les fils vainqueurs.

II

De Phaéton brûlé magnifique folie !
D'Icare aux flots tombant espoir audacieux !
O rêves des vaincus ! Votre ère est accomplie :
L'homme impie a tenté la profondeur des cieux !

O grand voleur de feu, sublime Prométhée,
Sous l'outrage des Temps relève enfin ton front !
La race de tes fils, aux vents précipitée,
Renaît dans l'air vengeur et lave ton affront !

Elle a, du firmament déchirant le mystère,
Labouré l'infini de flamboyants sillons
Et, de l'azur vaincu, fait pleuvoir sur la Terre
L'or vibrant et poudreux des constellations !

Grâce au germe éternel que son labeur féconde,
D'une moisson de feu couvrant le sol dompté,
Emprisonnant la foudre aux flancs meurtris du Monde
Pour les envelopper d'un réseau de clarté,

Tant d'éclairs jailliront de l'espace où nous sommes,
Dans l'immensité morne où leur éclat s'enfuit,
Que les Jours inquiets se diront que les hommes
Ont volé leur clarté pour en parer la Nuit !

Et les astres jaloux, voyant dans l'étendue,
Notre globe rouler dans ce nimbe vermeil,
Croiront, qu'ayant repris leur puissance perdue,
Les dieux ressuscités font un nouveau Soleil !

15 octobre 1881.

PENSÉE D'AUTOMNE

Les morts ont peur de l'automne
Qui, chassant l'été vermeil,
Fait, autour de leur sommeil
Souffler son vent monotone.

Les feuilles dont le velours
Rouillé par la canicule,
Sur leur gazon s'accumule
Leur font leurs linceuils plus lourds.

PENSÉE D'AUTOMNE.

Dans le brouillard où leurs tombes
Semblent déjà s'effacer,
Ils n'entendent plus passer
Le vol ami des colombes.

La neige est déjà dans l'air
Guettant leurs noms sur la pierre,
Qui va, comme une paupière,
Leur voiler l'œil du ciel clair.

Au loin hurlent dans la rue
Nos soucis et nos bonheurs.
De l'oubli des promeneurs
Leur solitude est accrue.

Mieux que nous les trépassés
Aiment le printemps qui pose
Le cœur mouillé d'une rose
A leurs chevets délaissés.

1er novembre 1881.

LA VIERGE DE CIRE

Sous la calme splendeur de son front ingénu
Quelle pensée habite ou quel rêve sommeille?
On croirait voir encor sur sa bouche vermeille
Un mystique sourire imprégné d'inconnu.

Le col harmonieux se dresse, pur et nu,
Sous la nuque arrondie aux gerbes d'or pareille.
Un cantique lointain charme-t-il son oreille?
Jamais son cœur glacé ne s'est-il souvenu?

Sous le charme allangui de sa pâleur de cierge,
Ce n'est pas une sœur de la robuste vierge
Qu'enferma Sanzio dans un rêve immortel.

Je la croirais plutôt fille de la Joconde
Dont Léonard laissa cette image profonde
Que semble envelopper l'encens sur un autel.

Lille, 28 novembre 1881.

SUR UN ALBUM

Le temps emporte d'un coup d'aile
Et, sans les compter, nos instants;
Seuls, une heure, de temps en temps,
Nous laisse un doux souvenir d'elle.

Chaque jour, dans le cœur fidèle,
Fait revivre ses traits flottants,
Comme on revoit chaque printemps
Fleurir les tombes d'asphodèle.

SUR UN ALBUM.

Il suffit souvent d'une main
Qui se tend sur votre chemin
Et vous quitte à peine pressée ;

Il suffit de moins quelquefois,
D'un regard ou d'un son de voix,
Pour charmer longtemps la pensée.

Lille, 27 novembre 1881.

NOEL D'AMOUR

Noël ! — En voyant, dans ses langes,
L'enfant radieux que tu fus,
On m'a raconté que les anges
Ont cru voir renaître Jésus.

De l'azur déchirant les toiles,
Ils volèrent du fond des cieux,
A leur front portant des étoiles,
Des fleurs dans leurs bras gracieux.

Devant ton seuil fermant leur aile
Ils chantèrent si doucement
Qu'on eût dit une tourterelle
Qui soupire après son amant.

Et, le long de ta porte close,
Ils laissèrent, en s'en allant,
Le cœur entr'ouvert d'une rose,
L'urne penchante d'un lys blanc.

On les porta près de ta couche,
Sans savoir qui te les offrit ;
La rose resta sur ta bouche
Et sur ton sein le lys fleurit.

Leurs âmes, des cieux exilées,
Demeurèrent dans l'air charmé
Et, de leurs haleines mêlées,
Se fit ton souffle parfumé.

Ensuite vinrent les Rois Mages
Par le vol des anges trompés,
Pour t'offrir aussi leurs hommages
Dans des coffrets enveloppés.

Barbus comme des patriarches
Et mis comme des nécromans,
Ils déposèrent sur les marches
Des perles et des diamants.

A ton berceau des mains portèrent
Pour toi ces bijoux précieux ;
Les perles à tes dents restèrent
Et les diamants dans tes yeux.

Moi, je ne suis que l'humble pâtre
Après les Anges et les Rois
Qui vient s'agenouiller à l'âtre.
Une fleur morte entre les doigts !

25 décembre 1882.

L'AN NOUVEAU

Sous les rideaux blancs des aubes pâlies,
Fragile berceau de nos lendemains,
L'An nouveau qui naît porte dans ses mains
Avec nos plaisirs nos mélancolies.

De frimas l'hiver trama la candeur
Des plis dont le voile errant le protège ;
Ses premières fleurs sont des fleurs de neige
Qui meurent d'un souffle et n'ont pas d'odeur.

Que nous garde-t-il, cet enfant morose?
Un jour sans soleil est son premier jour.
— J'attends pour l'aimer son premier amour,
Et pour le chanter sa première rose!

1ᵉʳ janvier 1882.

QUAM PULCHRA ES, AMICA!

I

Comme l'ombre d'un vol d'oiseau
Sur la neige d'une colline,
Sur ton front blanc, double réseau,
L'ombre de tes cheveux s'incline.

Pareille à l'écume d'argent
Du flot qui sur les bords s'apaise,
Montant vers elle et la frangeant,
La candeur de ton front la baise.

QUAM PULCRA ES, AMICA.

Tant de nuit et tant de clarté

Sur ton front mêlent leur caresse

Que mon Rêve y flotte, agité,

Entre l'espoir et la détresse !

II

Dans tes yeux, tes beaux yeux d'enfant,
S'allume, lorsque tu t'éveilles,
L'or clair d'un soleil triomphant
Que mirent deux sources pareilles.

Quand un rêve passe sur eux,
On dirait l'haleine opaline
Qui descend sur les lacs ombreux
A l'heure où le couchant s'incline.

En les contemplant tour à tour,

J'y trouve — allégresse ou souffrance —

Tantôt l'aurore d'un amour,

Tantôt le soir d'une espérance !

III

Fruit mûr dont un couteau vainqueur
A fendu la chair savoureuse,
Qui saigne et garde encor au cœur
L'éclair de l'acier qui le creuse,

Teinte de pourpre aux tons ardents
Comme une blessure farouche,
Sur le clair frisson de tes dents
S'ouvre et se referme ta bouche.

QUAM PULCHRA ES, AMICA.

Mon Rêve, n'osant s'y poser,

Craint d'y sentir, comme une lame

Sous le miel divin du baiser,

Le froid mépris qui perce l'âme!

IV

De ta voix la mer a rythmé
La musique puissante et douce;
On dirait, sur le flot calmé,
Une lyre qu'un souffle pousse.

Les vagues font, en l'effleurant,
Tinter l'or des cordes sacrées,
Et le vent du soir, en pleurant,
Y met des notes déchirées.

QUAM PULCHRA ES, AMICA.

Par ce chant immortel bercé,

J'écoute, en des heures trop brèves,

Fuir sur l'océan du Passé

Le vaisseau brisé de mes Rêves !

V

D'un rayon d'aurore attaché,
L'arc radieux de ton sourire
Ferme et tend, sur un trait caché,
Sa courbe adorable à décrire.

Il se rouvre sur le sillon
De la flèche au ciel envolée,
Comme le vol d'un papillon
Se rouvre sur la brise ailée.

Chaque flèche, en touchant mon cœur,

Met, dans ma blessure éternelle,

Ou le froid de son fer vainqueur

Ou la caresse de son aile.

VI

L'âme des Paros abolis,

L'antique neige des Tempées,

La pâleur des têtes de lis

Pour les fêtes des Dieux coupées ;

Toutes les blancheurs que le Temps

A proscrites ou méconnues,

Renaissent en tons éclatants

Sur ta face et ta gorge nues.

C'est qu'il leur fallait, pour cela,

Retrouver la splendeur des lignes,

Qu'aux cieux autrefois révéla

Léda, la charmeuse de cygnes!

VII

Sur le vol d'une tourterelle
Tes mains jadis, en se fermant,
Prirent au contour de son aile
Leur grâce et leur dessin charmant.

Aussitôt qu'un geste déploie
Leur blancheur, onduleux trésor,
On dirait le frisson de joie
D'un oiseau qui prend son essor.

QUAM PULCHRA ES, AMICA.

Ombre douce et douce lumière !

Je sens mon âme, tour à tour,

Sous leur étreinte prisonnière,

Et, par elles, rendue au jour !

VIII

Couchants qui faites, sur la plaine,
Fumer l'or clair d'un encensoir;
Roses dont la dernière haleine
Fait trembler les rideaux du soir;

Souffles printaniers que balance
La clochette des lilas blancs;
Aromes, qu'avec le silence,
La Nuit traîne sur ses pas lents;

QUAM PULCHRA ES, AMICA.

Parfums des choses, qu'effarouche

L'aile impitoyable du Vent,

Mon Rêve vous boit sur la bouche

Que je n'effleure qu'en rêvant !

IX

Comptant les grâces immortelles
Qui font l'honneur de ta Beauté
Et dont les puissances sont telles
Que j'en fus à jamais dompté,

De t'avoir sans relâche aimée,
Même d'un amour méconnu,
Dans mon âme à l'espoir fermée
Un immense orgueil est venu.

Qui sait, du sourire ou des larmes,

Lequel en ce monde est meilleur?

— Demeure fière de tes charmes.

— Je reste fier de ma douleur!

LES DÉSESPÉRÉS

SONNETS D'AMOUR

I

Ne crains plus rien d'un cœur qu'a trahi sa fierté :
J'ai descendu la cime éclatante du Rêve.
Pour m'apporter l'oubli l'ivresse fut trop brève;
Mais si je me souviens, tout espoir m'a quitté.

Ne crains plus rien d'un cœur que les jours ont dompté.
L'homme abjure ses vœux, le soldat rend son glaive.
Puisque mon œil vers toi, sans prière, s'élève,
A quoi bon me cacher plus longtemps ta beauté ?

C'est le devoir d'un Dieu de souffrir qu'on l'adore !
Il n'importe qu'à moi si je conserve encore
La mémoire sans fin d'un amour sans remords.

Car le temps seul a su combien tu fus aimée
Et confond dans mon cœur, urne à jamais fermée,
La cendre de mes feux et celle de mes morts.

II

Je suis l'obscur amant de ta beauté farouche
Et voudrais seulement, dans l'ombre confondu,
M'asseoir encore au seuil de mon rêve perdu,
Comme le pâtre à l'heure où le soleil se couche !

Ta rigueur a posé le silence à ma bouche
Et refermé mon cœur sur l'espoir défendu ;
Car, plus lointain que l'astre au fond du ciel pendu
Ton éclat luit plus haut que ce que ma main touche

Ah! laisse, à mes regards que ta superbe fuit,

Ton front indifférent rayonner dans la Nuit

Qui sur mes bonheurs morts tend sa funèbre toile :

N'éteins pas à mes yeux ce suprême flambeau,

Et garde-moi, du moins, la pitié qu'a l'étoile

Pour le berger pensif assis sur un tombeau!

III

Le temps a tout jeté par terre d'un coup d'aile,
Tout hormis mon amour, — tout hormis ta beauté !
Les autres dieux ont fui le temple dévasté
Où, pour toi seulement, fume un encens fidèle.

Ta grâce resplendit sous mon front tout plein d'elle,
Et, sur les vains débris de la réalité,
Ton souvenir grandit, lys pur qu'a respecté
L'automne qui fleurit les tombeaux d'asphodèle.

J'ai dormi bien longtemps sous la pierre couché,
Avant que ta pitié sur mon front ait penché
Des résurrections la fleur surnaturelle.

Mes yeux s'étaient éteints, ne devant plus te voir.
Mais telle est ta splendeur et tel est son pouvoir
Qu'ils se sont rallumés pour se lever sur elle !

IV

Tout vit encore en toi de ce qu'en toi j'aimais !
La Beauté d'autrefois tout entière demeure :
Mais, comme dans le rêve où, sans trace, fuit l'heure,
Autrefois c'est hier, — autrefois c'est jamais.

Tout ce qui fut ma vie étant mort désormais,
Pour me ressouvenir j'attendrai que je meure.
Jusque-là, puisque tout hormis t'aimer est leurre,
Content de ta pitié, je t'aime et me soumets.

C'est assez que, pareil au lévite du temple,

Tu souffres qu'à genoux je reste et te contemple,

O lointaine clarté de mes jours radieux !

O toi qui restes seule et qui fus la première,

Dans mon ciel où tes yeux m'apprirent la lumière,

Où ton front éclatant m'a révélé les Dieux !

V

O front marmoréen qu'habite la pensée ;
Noirs cheveux dont la grâce assouplit les flots lourds ;
Yeux cruels dont l'acier jaillit d'un clair velours ;
Noble ligne du col par Phidias tracée ;

Lèvres où le désir bat d'une aile blessée,
Comme un ramier tombant des serres des vautours ;
Épaule dont la neige a les calmes contours
D'une double colline au fond du ciel dressée ;

Vous n'êtes pour jamais, sous mon front désolé,
Qu'une image divine et qu'un rêve envolé,
L'amère vision d'un idéal farouche.

Celle dont ces splendeurs font l'éclat immortel
Daigne à peine poser son pied blanc sur l'autel
Qu'à peine, avec terreur, ose effleurer ma bouche !

VI

Un mensonge du ciel rend pareille souvent
La splendeur du couchant à celle d'une aurore,
Si bien qu'un chant joyeux monte et s'envole encore
Aux lèvres du pasteur à l'horizon rêvant :

Tel un mirage doux, charmeur et décevant,
Ramène à son éveil l'amour dont je t'adore,
Si bien que, de mon cœur, comme au matin sonore,
S'élève un chant d'espoir qu'emportera le vent.

Le déclin du soleil aux pourpres de la grève
Sur son aile de feu n'emporte pas mon rêve.
Si mon rêve eut une aube, il n'a pas de couchant.

Mais j'en sais, comme lui, la douleur immortelle,
Et l'ancienne blessure à mon flanc s'ouvre telle,
Qu'en vain, pour l'endormir, ma bouche tente un chant.

VII

Tu regrettes la plage où la mer se lamente
Et jusqu'à tes pieds nus tend ses palmes d'argent.
Tu regrettes la plage et son grand ciel changeant
Que de ses pleurs salés flagelle la tourmente.

Tu regrettes la plage où l'immortelle amante,
Ariadne, dans l'air pleure encore en songeant.
Tu regrettes la plage où le sol indigent
Livre aux faulx du reflux sa moisson écumante

L'amour a fait mon cœur large comme une mer
Dont le ciel est plus sombre et le flot plus amer.
Une plainte éternelle y murmure sans trêve,

Mais sans tourner vers moi ton front indifférent,
Ni distraire un seul jour, avec son bruit mourant,
Ton oreille attachée aux sanglots de la grève.

VIII

L'an qui s'enfuit attache aux givres éclatants
Un manteau d'or pâli sur les flancs de Latone,
Et la chanson du vent se lève, monotone,
Autour des chênes noirs, squelettes grelottants.

La tristesse du jour aux horizons flottants
Monte avec des langueurs dont mon rêve s'étonne ;
Car c'est sous les grands bois dépouillés par l'automne,
Que je sens mon amour fait d'immortels printemps.

Car des roses sans fin fleurissent sur ta bouche,
Et si de leur jardin que tu gardes, farouche,
Exilé, je ne puis que voir les seuils vermeils,

J'en respire, du moins, l'odeur chère et tenace ;
Et, sur mon front qu'en vain l'ombre du jour menace,
Tes yeux ont allumé d'ineffables soleils !

IX

Sur le tombeau des lys à l'horizon couchée,
L'aube mélancolique a tes chères pâleurs,
Et c'est sur ton beau front que l'âme de ces fleurs,
Avant de fuir aux cieux semble s'être penchée.

La flamme intérieure en tes doux yeux cachée
A des feux du matin l'éclat mouillé de pleurs
Et l'insensible écho de lointaines douleurs
Fait gémir, dans ta voix, la plainte de Psyché.

Tout chante le réveil de l'antique beauté

Dans l'épanouissement de grâce et de clarté

Qui fait qu'aux temps païens, seule, Hélène fut belle,

Avec je ne sais quoi de triste et de surpris

De vivre dans ces temps dignes de ton mépris,

Des Olympes défunts ô proscrite immortelle!

X

Cet amour sans espoir m'épouvante, et pourtant
C'est de lui que j'attends mes dernières ivresses.
Sur l'océan calmé des lointaines tendresses
Il brille, dans ma nuit, comme un phare éclatant.

Vers mon désir austère il se penche, apportant
Le sacrilège oubli des divines caresses,
Et, dans un rêve plein de langueurs charmeresses,
Il endort mon esprit douloureux et flottant.

C'est un poison mortel dont se nourrit ma fièvre

Et que tes yeux cruels inclinent à ma lèvre,

Brûlant comme la flamme et pur comme le miel.

Comme un lys vénéneux sous une aube éperdue,

Ta Beauté m'enveloppe, et, voilant l'étendue,

Cache à mes pieds la terre, à mes regards le ciel !

XI

Mon âme est comme un lac immobile et dont l'onde
Sous le fouet des vents n'exhale qu'un doux bruit,
Mystérieux, lointain, plaintif; et, chaque nuit,
Une image descend dans son ombre profonde.

Comme l'astre d'argent qui, de sa flamme, inonde
L'eau calme où, dans l'azur, son front se double et luit,
Ton front pur et charmant, par mon rêve conduit,
S'y penche avec l'éclat majestueux d'un monde.

Le silence du soir emplit l'immensité ;

Un tel recueillement me vient de ta Beauté

Que j'y cède, vaincu par d'invincibles armes.

Mais qu'un frisson vivant passe dans mes cheveux,

Le fantôme adoré se brise en mille feux

Dont le scintillement brille à travers mes larmes.

XII

Sur le deuil de mon cœur cette ivresse flamboie
D'avoir été l'élu qui meurt de ta Beauté.
Aussi haut que ton vol dans l'azur indompté,
J'aurai monté mon cœur pour t'en faire une proie.

L'aigle désespéré qui dans l'éther se noie,
Pour fixer l'astre ardent dont l'orgueil l'a tenté,
Sentant dans ses yeux morts s'éteindre la clarté,
Goûte dans ce martyre une sublime joie.

Il ne regrette pas la paix des pics neigeux
D'où son aile prudente, en ses robustes jeux,
Abattait sur les plaines une large envolée.

A l'aigle foudroyé le sort m'a fait pareil.
Le soleil m'a brûlé, mais j'ai vu le soleil.
Je meurs de ta Beauté, mais je t'ai contemplée!

XIII

Le chant du matin vibre à l'horizon de cuivre
Et sonne le réveil à mes mornes ennuis.
Car les rêves éclos au silence des nuits
Dans les tracas du jour refusent de me suivre.

Dans une ombre éternelle, ah! que ne puis-je vivre,
N'ayant d'autre flambeau que l'éclat dont tu luis,
O spectre doux et cher qui, dès l'aube, me fuis,
Amour désespéré dont, tout bas, je m'enivre!

J'aime les soirs pareils à tes sombres cheveux

Et les astres d'argent qui rendent à mes vœux

Les stellaires clartés de ta pâleur divine.

J'aime le soir avec ses troublantes vapeurs

Où mes yeux éblouis de mirages trompeurs

Retrouvent ta Beauté qu'un souvenir devine !

XIV

Comme un souffle se lève aux rives de la plaine
Que vient battre le flot argenté des matins,
S'ouvrant à l'horizon de mes Rêves lointains,
Une aile de parfums m'apporte ton haleine.

Et les enchantements dont toute aurore est pleine
Se confondant en toi sur les cieux incertains,
Ta Beauté resplendit sur les astres éteints,
Comme au bûcher Troyen le fantôme d'Hélène.

O Déesse, apparais et, sous ton pied vainqueur,

Tressailleront encor les cendres de mon cœur

Pareil à la cité pour Vénus consumée.

Et le sang rajeuni de mes souvenirs morts

Empourprera la route où tu fuis sans remords

L'inutile tourment de ceux qui t'ont aimée!

XV

Fuyant le ciel menteur des espérances vaines,
Mes jours coulent, muets et lents comme un Léthé.
Un sort inexorable a fait de ta Beauté
La mer vers qui s'en va tout le sang de mes veines.

Sous l'or des Paradis et l'ombre des gehennes,
Il court indifférent, vers toi seule emporté,
Roulant comme un torrent par les vents fouetté,
D'inutiles amours et d'inutiles haines.

Car le but inflexible où tend son cours vermeil,
C'est ta splendeur sereine et pareille au sommeil
Des océans pensifs sur leur couche de grève.

Vers elle s'allanguit son flot capricieux,
Sentant descendre en soi le mirage des cieux,
Sitôt que ton image y passe dans un Rêve.

XVI

Ta pitié vainement avait fermé l'abîme
Que mon respect muet fait plus grand entre nous.
La terreur de ton front fait ployer mes genoux
Et mon culte tremblant a les effrois d'un crime.

J'affronte ta Beauté comme on tente la cime
Qui garde le vertige au fond des cieux jaloux.
C'est sans me rassurer que tes regards sont doux
Et tu restes cruelle en étant magnanime.

Je vis auprès de toi sous un charme mortel,

Laissant mon cœur brûler comme sur un autel

D'où montent des parfums d'encens et de cinname.

Mon amour, que trahit le désir obsesseur

Au néant de ses vœux goûte une âpre douceur,

Et, vers ta bouche en fleur, seule, s'en va mon âme.

XVII

Le Rêve est un ami pitoyable aux amants
Qu'a trahis l'espérance et qu'a meurtris la vie.
Par lui, l'image douce à mes regards ravie
Est quelquefois rendue à mes enchantements.

Il réveille le chœur oublié des serments
Et ramène celui des heures qu'on envie,
Baignant de ses clartés Celle par nous servie,
Comme un ostensoir d'or plein de rayonnements !

Heureux qui peut goûter quelque ivresse à ce leurre.

Moi, plus désespéré, l'amour dont je te pleure

Repousse loin de moi les mensonges du ciel.

Quand ta pitié rapide à mon exil fait trêve,

Je te revois toujours plus belle que mon Rêve

Et son néant, par là, m'est rendu plus cruel !

XVIII

Quand vers ton front pensif le nocturne silence
Monte des horizons d'or pâle et de carmin,
Tout entière aux splendeurs du rêve surhumain
Que l'astre aux yeux d'argent sur nos têtes balance,

N'entends-tu pas la voix qui de mon cœur s'élance
Et mes baisers furtifs sangloter sur ta main
Et mon sang, goutte à goutte, arroser ton chemin,
Comme le sang qui perle au fer nu d'une lance ?

L'immensité m'est-elle, à ce point, sans pitié

Que mon âme vers toi s'en aille, par moitié,

L'autre ne me restant que pour souffrir et vivre,

Sans même qu'à la tienne un écho fraternel

Vienne conter tout bas mon tourment éternel

Et que je vais mourir du mal dont je m'enivre !

XIX

Quand le sang des héros, de la terre trempée,
Faisait jaillir des fleurs agréables aux Dieux,
J'eusse aimé, dans l'orgueil des combats radieux,
Tomber, en t'invoquant, sous la lame ou l'épée.

Vers ton front fait pour luire au seuil d'une épopée,
Nés de mon cœur viril grand ouvert sous tes yeux,
Des lys eussent tendu leurs rameaux glorieux,
De mon souffle expirant t'eussent enveloppée !

Pourquoi le temps, qui met son ombre et son affront

Au grand Rêve passé, laisse-t-il donc ton front

Briller d'un tel éclat que ce rêve y renaisse?

Et, rallumant en moi le désir mal dompté,

Laisse-t-il refleurir dans ta noble beauté

Des Dieux que j'ai servis l'immortelle jeunesse!

XX

L'aile rose du jour, en s'ouvrant sur la Terre,
Éparpille un duvet d'or clair à l'horizon ;
L'aigle a brisé son œuf et quitté sa prison.
Le soleil monte aux cieux sa gloire solitaire.

Il laisse l'orient, ouvert comme un cratère,
Tendre encore vers lui sa rouge floraison,
Et lentement s'étendre en une exhalaison
De vapeurs où le vent léger se désaltère.

J'ai porté, dans mon cœur à l'orient pareil,

Mon amour flamboyant et pur comme un soleil

Dont je fus déchiré comme, au matin, la nue.

Mais, tandis qu'au levant l'horizon s'est fermé,

Par d'inutiles feux mon cœur reste enflammé

Et sa blessure encor, saigne, béante et nue !

XXI

Sur le chêne où l'automne a mis ses tons de cuivre,
J'ai, du bout d'un couteau, creusé profondément
Ton nom pour le relire, alors qu'au ciel, bramant
Le vent effeuillera la forêt comme un livre.

Sur la vitre où l'hiver a mis ses fleurs de givre
J'ai tracé ton nom cher avec un diamant,
Pour le relire après que le jardin charmant
Sous les tièdes soleils aura cessé de vivre.

Sur mon cœur qui n'a pas d'automne ni d'hiver,
J'ai, d'un outil plus dur que la gemme et le fer,
Gravé ton nom vainqueur et, d'une telle force,

Qu'il saignera toujours, lors même que le temps
Aura brisé la vitre aux dessins éclatants
Et de l'arbre blessé fait revivre l'écorce.

XXII

Comme un jardin maudit dont la pluie et le vent
Ont dispersé les fleurs au sable des allées,
Mon cœur, plein des débris des choses envolées,
N'a gardé du passé qu'un souvenir vivant.

Il est là comme un lys superbe s'élevant
Parmi les lilas morts et les herbes foulées,
Dernier astre des nuits naguère constellées,
Dernier lambeau du Rêve autrefois triomphant.

Au profond de mon être a plongé sa racine :
Qui veut l'en arracher doit briser ma poitrine.
Bien que pâle, il est fait du meilleur de ma chair.

Le souffle qui le doit faucher d'un grand coup d'aile,
Ouvrant enfin les yeux à mon âme fidèle,
Leur apprendra ton nom sacré, cruel et cher !

XXIII

Vers quel infini tend ta Beauté, qu'elle prenne
A chaque jour nouveau des traits plus éclatants ?
Comme un sculpteur épris de son œuvre, le temps,
Sans relâche, en poursuit la grâce souveraine.

Plus grand, l'orgueil du lys fleurit ton front de Reine ;
Plus pur, dans tes yeux luit l'or des astres flottants ;
Et, sur ton col plus fier, en frissons palpitants,
L'ombre de tes cheveux, plus jalouse, se traîne.

On dirait qu'en toi seule, enfin, s'est résumé
Tout ce que les regards des mortels ont aimé
Depuis qu'un souvenir des Dieux hante la terre.

En Toi seule revit l'immortelle splendeur.
Hélas! Et j'en ai pu mesurer la grandeur
Au deuil qu'elle a laissé dans mon cœur solitaire.

XXIV

Si tu cherches pourquoi mon triste amour s'augmente
De tous les désespoirs que me font tes mépris;
Si tu cherches pourquoi tout m'est vide et sans prix,
Sauf l'inutile espoir qui, sans fin, me tourmente;

Si tu cherches pourquoi toujours je me lamente,
Comme un cygne blessé trouble l'air de ses cris;
Si tu cherches pourquoi tes yeux cruels m'ont pris
Jusqu'au lâche bonheur d'aimer une autre amante;

Je te dirai : c'est toi qui m'appris la Beauté !
J'en ignorais l'orgueil et la divinité
Avant que d'avoir vu ton radieux visage.

Oui, c'est toi qui m'appris l'idéal sans retour.
Mon esprit s'est ouvert sur ton image, un jour.
Mes yeux se fermeront, un jour, sur ton image !

XXV

Portant d'un cœur plus doux ma douleur plus profonde,
Je veux dire mon mal si bas que mes sanglots,
En mourant à tes pieds comme le bruit des flots,
Te rappellent encor les caresses de l'onde.

Qu'ils ramènent vers toi l'image vagabonde
De ta mer souriante à l'horizon d'îlots
Et du jardin de fleurs où l'argent des bouleaux
Frissonne doucement avant que le vent gronde.

Je veux dire si bas la peine dont je meurs,
Que sa plainte se mêle aux lointaines rumeurs
Dont, par les soirs d'été, ton oreille est charmée.

Je veux que de mes pleurs le murmure soit tel
Que, sans y deviner mon tourment immortel,
D'un immortel amour tu te sentes aimée !

XXVI

Ne cherchant d'autre bien que d'aimer sans salaire,
J'en goûte sans espoir l'amère volupté,
Laissant saigner mon cœur aux pieds de ta Beauté,
Prêt à l'ouvrir plus grand si cela doit te plaire.

Tu peux donc le souffrir sans crainte et sans colère,
Ce triste amour qui borne aujourd'hui sa fierté
A regarder, de l'ombre où tu l'as rejeté,
Rayonner de ton front l'auréole stellaire.

Un dernier honneur reste à mon lâche tourment :
C'est de ne pas troubler de mon gémissement
L'olympique repos où se plaît ta pensée.

Sans implorer de toi l'aumône d'un souci,
Je porterai, du moins, sans demander merci,
L'immortelle douleur de mon âme blessée !

XXVII

Comme un ruisseau d'argent par les fentes d'une urne
Dont l'usure a mordu l'épaisseur par endroits,
La stellaire clarté filtre aux sombres parois
Qui ferment nos regards sur la voûte nocturne.

Tandis qu'à l'horizon Sirius et Saturne,
De flammes couronnés, montent comme deux Rois,
Celle qui, dès longtemps, met mon cœur sur la croix
M'apparaît lentement dans l'ombre taciturne.

Sous les feux amortis des astres fraternels,

Ton image revêt les aspects éternels

Qui m'ont fait le captif éternel de tes charmes.

Le soir, plus que ton âme à mon Rêve clément,

Te rend, cruelle absente, à mes enchantements

Et, d'un souffle attendri, dans mes yeux boit mes larmes.

XXVIII

Pour mon âme en toi renaîtront
Tous les biens que le temps emporte.
Quand l'âme des lys sera morte,
Je la chercherai sur ton front.

Des jours pour défier l'affront
Je sens ma tendresse assez forte ;
Je t'aime d'une telle sorte
Qu'en toi tous mes jours revivront.

Meure donc la pourpre des roses!
D'immortelles métamorphoses
A tes lèvres mettront leur sang!

Car, ô Beauté, fleur solitaire,
Il faut qu'enfin, pour Toi, la Terre,
Jusqu'au bout épuise son flanc!

XXIX

L'or des astres perdus habite tes prunelles ;
L'âme des Dieux partis a ton sein pour tombeau ;
Les cieux jaloux voudraient ton regard pour flambeau ;
Ta splendeur fait envie aux gloires éternelles.

L'antique souvenir s'épanouit en elles
De tout ce qui fut grand, de tout ce qui fut beau.
Au vent de tes cheveux flotte encore un lambeau
Des visions d'antan blanches et solennelles !

Je ne t'ai pas maudite au jour de l'abandon.
Ton mal, pareil au mien, t'a valu le pardon.
Si tu m'as fait proscrit, je te sais exilée.

Le même sort, pesant sur nos cœurs asservis,
Met ta Patrie ailleurs et la mienne où tu vis,
Et notre âme, à tous deux, demeure inconsolée.

XXX

Vers le déclin viril de mes jeunes années,
J'ai marché sans regret, sentant se consumer
En d'inutiles feux ma puissance d'aimer ;
Car tes lèvres se sont, des miennes, détournées.

J'ai vu, comme des fleurs loin du soleil fanées,
Mes tendresses sans but lentement se fermer
Et mon cœur sans espoir pas à pas s'abîmer
Dans l'ombre qui confond les choses condamnées.

Aujourd'hui je suis vieux, mais je ne me plains pas
D'avoir jeté mon être en poussière à tes pas.
Cet orgueil me suffit de t'avoir bien servie.

Mon amour impayé ne te réclame rien.
Je mourrai satisfait, car ta Beauté vaut bien
Qu'on immole à ses pieds le meilleur de sa vie.

XXXI

Un tel enchaînement enveloppe ton être,
Tyrannique et subtil comme un parfum léger,
Et qui semble, sur Toi, doucement voltiger
Que, rien qu'à t'approcher, sa douceur me pénètre.

Sur chacun de tes pas quelque fleur semble naître
Des mystiques jardins où l'esprit va songer,
Quand le Rêve l'emporte et le fait voyager
Vers les cieux inconnus qu'il a cru reconnaître

D'où ce charme éperdu vient-il à ta Beauté ?
De ton âme ou d'un monde autrefois habité ?
De Toi-même ou du chœur des choses enivrées ?

On dirait que pour Toi seule leur grâce vit
Et que l'Amour tremblant de tout ce qui te vit
Chante et palpite autour de tes formes sacrées !

XXXII

O lâcheté d'un cœur pourtant las de souffrir !
Révolte sans honneur de mon âme éperdue !
Avant qu'à mes regrets ta pitié m'eût rendue,
Je te le dis tout bas : j'avais peur de mourir !

Sous l'adieu du soleil la fleur peut se flétrir,
Enfermant dans son sein la caresse attendue.
A mon fidèle amour la grâce était bien due
De te revoir encore et mon ciel s'attendrir.

Maintenant que j'ai bu, dans tes yeux sans colère,
— De mon long souvenir, cher et tardif salaire, —
Le viatique doux dont j'étais altéré,

Mon âme peut partir pour sa route éternelle,
Portant, comme l'étoile, un feu qui brûle en elle
Et dont rien n'éteindra l'embrasement sacré.

XXXIII

Comme une feuille morte à ta robe attachée,
Qui crie en se brisant aux sables du chemin,
Mon cœur que de la vie a détaché ta main
Exhale sur tes pas une plainte cachée.

Sur lui, sans le flétrir, l'automne s'est penchée,
Teignant les bois obscurs d'or pâle et de carmin;
Palpitant et captif d'un rêve surhumain,
Il a suivi la route obstinément cherchée.

Jaloux de sa torture, épris de son tourment,

Le temps s'est à son mal acharné vainement

Et l'épine épuisa sa morsure savante.

Déchiré par la ronce, il a longtemps saigné

Avant que, jusqu'à lui, ton regard ait daigné

Détourner un instant sa pitié triomphante.

XXXIV

Dans la poussière fauve où l'horizon se noie,
Où se perd le dernier rayon du jour penchant,
Mêlant sa chère flamme aux flammes du couchant,
Ton beau regard parfois sur mon Rêve flamboie.

Est-ce un adieu lointain que ta pitié m'envoie
Du ciel où mon espoir lassé va te cherchant ?
Mais dans mon cœur ouvert il laisse, en le touchant,
Une mélancolique et douloureuse joie !

Vers les rives du ciel qu'on ne distingue plus

La lumière qu'emporte un rythmique reflux

De son écume d'or éclabousse la nue,

Battant la poupe en feu du vaisseau de clarté

Où, sous un dais d'azur, m'apparaît ta Beauté

Qui de mon triste amour enfin s'est souvenue !

XXXV

Le grand lac solitaire où l'image des cieux
Descend et resplendit au fond de l'eau dormante,
En vain, pour retenir la vision charmante,
Ploie, ainsi que des bras, ses roseaux gracieux.

Des astres éternels le vol silencieux
Passe, sans l'échauffer, dans son sein qu'il tourmente.
Et c'est pourquoi sa voix, dans la Nuit, se lamente
De n'enfermer en soi qu'un reflet captieux.

Pareille au flot pensif, mon âme porte en elle
Comme celle des cieux une image éternelle
Depuis que sur mes jours ton front s'est incliné.

Elle pleure, sentant qu'une plus longue route
La sépare de Toi que la nocturne voûte
Du grand lac, point d'argent dans l'infini perdu !

XXXVI

Comme un cygne blessé monte d'un vol plus lent
Traînant un point de pourpre aux blancheurs de sa plume,
Le jour d'hiver se lève, et, sur son flanc s'allume
Un soleil sans rayon fait comme un trou sanglant.

En vain, pour l'égarer dans son chemin troublant,
Les gloires du zénith s'enveloppent de brume ;
Comme au toucher des flots un fer rouge qui fume
Dans l'océan des cieux il s'enfonce brûlant.

Le feu de son désir le consumant sans trêve,

Découronné du monde immortel de son Rêve,

A l'astre incandescent mon cœur triste est pareil.

Vers la cime farouche où la Beauté recule

Il tend, perdu dans les pâleurs d'un crépuscule,

Douloureux et saignant sur son chemin vermeil.

XXXVII

Le mal, en effleurant ta Beauté, l'a parée

Et d'un charme allangui ravivé ta pâleur;

Car à tout ici-bas, jusques à la douleur,

Comme un bien sans pareil la splendeur est sacrée.

De toi — fléau clément — elle s'est retirée

— Telle qu'aux jours d'été l'orage laisse un pleur

Comme un pur diamant aux cîmes d'une fleur —

Rajeunissant ton front d'une larme égarée.

La souffrance est pareille à la flamme des cieux
Qui brûle tout, hormis les métaux précieux
Que rajeunit le temps en ses métamorphoses.

Telle elle aura passé sur ton front triomphant
Que des Dieux immortels le souvenir défend,
Et qu'adore tout bas l'amour vague des choses.

XXXVIII

Tes yeux ont des langueurs divines où s'émousse
Le désir immortel dont je suis consumé.
Oubliant l'âpre ardeur dont jadis je t'aimai,
Ma tendresse pour toi se fait sereine et douce.

Le flot est moins amer qui sur tes pas me pousse;
C'est à tes pieds qu'il meurt impuissant et pâmé,
Et j'y voudrais coucher mon amour désarmé
Comme un vivant tapis dont Mai fleurit la mousse

Mais, pour se moins trahir, il n'est que plus profond

Le mal délicieux que tes regards me font

Quand leur charme mourant me trouble et me pénètre.

Plus je me sens vaincu, mieux je me sens à toi,

Plus sur mon front dompté je sens peser la loi

Qui fit mon être obscur l'esclave de ton Être !

XXXIX

Je suis resté près de ta porte,
Triste, solitaire et rêvant ;
Telle une feuille que le vent
Au pied d'un lys en fleur apporte.

Elle y demeure, chose morte,
Sans que, du calice vivant,
Un pleur de l'aube l'abreuvant
Se détache et la réconforte.

J'ai quitté ton seuil bien-aimé,
Sans que mon cœur fût ranimé
Par un sourire de ta bouche.

Et pourtant mon espoir défunt
Y conserve encor le parfum
Qu'on prend à tout ce qui te touche.

XL

Lorsque la mort viendra me toucher de son aile,
Je veux que, se penchant sur moi, ton front divin
Verse à mon cœur troublé, comme un généreux vin,
La force d'affronter cette heure solennelle.

Elle m'apparaîtra douce et portant en elle
Tous les biens qu'ici-bas j'avais cherchés en vain,
Et mon âme, arrachée au terrestre levain,
Montera, blanche hostie, à sa route éternelle.

Sous le rayonnement de ta chère Beauté,
Mes yeux se fermeront sur le rêve enchanté
D'un paradis ouvert devant mes destinées.

Sur mon sein sans haleine on posera les fleurs,
Comme moi-même alors pâles et sans couleurs
Que tu pris sur ton sein et que tu m'as données !

MUSIQUE

Sous les premiers soleils qui déchirent la nue
L'air plus doux s'allanguit de parfums hésitants.
O mon unique amour, que ne t'ai-je connue
Sur le seuil embaumé d'un éternel printemps !

L'air plus doux s'allanguit de parfums hésitants :
Déjà l'âme des fleurs frissonne sous la terre.
Sur le seuil embaumé d'un éternel printemps
Comme un lys eut fleuri la Beauté solitaire.

Déjà l'âme des fleurs frissonne sous la terre
L'espoir des renouveaux vers l'azur est monté.
Comme un lys eût fleuri ta Beauté solitaire,
Vers mon cœur grand ouvert inclinant sa fierté.

L'espoir des renouveaux vers l'azur est monté.
Les pleurs de la rosée attendent des calices.
Vers mon cœur grand ouvert inclinant sa fierté
Ta bouche m'eût versé d'immortelles délices.

Les pleurs de la rosée attendent des calices
Pour y désaltérer l'âme en feu du soleil.
Ta bouche m'eût versé d'immortelles délices,
A mon cœur grand ouvert buvant mon sang vermeil.

Pour y désaltérer l'âme en feu du soleil
Les roses vont lever leur coupe d'odeur pleine.
A mon cœur grand ouvert buvant mon sang vermeil,
Ta lèvre eût embaumé mon cœur de son haleine.

MUSIQUE.

Les roses vont lever leur coupe d'odeur pleine
Dans un enchantement de sons et de couleurs.
Ta lèvre eût embaumé mon cœur de son haleine,
Souffle dont la caresse est l'oubli des douleurs.

Dans un enchantement de sons et de couleurs,
Les bois vont revêtir leur parure éternelle.
Souffle dont la caresse est l'oubli des douleurs,
La mort me serait douce à venir sur ton aile!

Les bois vont revêtir leur parure éternelle :
Déjà les bruits du soir ont la douceur d'un chant.
La mort me serait douce à venir sur ton aile,
O chère vision que mes yeux vont cherchant!

Déjà les bruits du soir ont la douceur d'un chant.
O mon unique amour, qu'êtes-vous devenue?
O chère vision que mes yeux vont cherchant
Sous les premiers soleils qui déchirent la nue!

HOSANNA MÉLANCOLIQUE

I

J'adore ta Beauté, pour ce qu'elle est pareille

A mon Rêve immortel et me parle des cieux,

Comme un hymne lointain qui chante à mon oreille.

Elle évoque les jours longs et délicieux

Que j'ai vécus, sans doute, en attendant la vie,

Dans quelque monde obscur, où mon cœur soucieux

Cherche éternellement l'illusion ravie.

C'est ce lent souvenir par toi ressuscité

Qui t'a soumis mon âme à jamais asservie.

J'ai, sur des fronts divins, déjà vu la fierté

Qui fait, devant ton front, s'humilier mon être

Et tout mon sang bondir vers mon cœur arrêté.

La grâce de ton pas m'a fait te reconnaître.

Des coupes autrefois m'ont versé le poison

Dont ton regard cruel m'enivre et me pénètre.

Des coupes dont l'or clair, pareil à l'horizon,

S'empourprait, jusqu'au bord, du sang vermeil des nues

Et dont la vapeur chaude emportait la raison ;

Des coupes qu'à ma main tendaient des vierges nues

Dont les cheveux flottants jetaient dans l'air du soir

Des odeurs qui, des tiens, vers moi sont revenues,

Comme un souffle qui meurt aux trous d'un encensoir.

— Sous des arbres plus hauts que les pins et les chênes,

Tes immortelles sœurs jadis allaient s'asseoir,

Et ce sont leurs doigts blancs qui m'ont forgé mes chaînes,

Pour le monde vieilli que devait rajeunir

L'épanouissement de tes grâces prochaines.

— J'adore ta Beauté pour ce grand souvenir.

I

J'adore ta Beauté pour ce qu'elle illumine
Les airs, comme une aurore, et rayonne au soleil,
Ainsi qu'au cœur d'un lys l'or clair d'une étamine.

L'astre sacré qui monte à l'orient vermeil
Et disperse le jour aux choses prosternées
Seul, sur ses pas de feu, verse un éclat pareil.

Sur mon front où les fleurs du Rêve sont fanées,
Comme un reflet des cieux il demeure allumé,
Seul vainqueur et vivant sous le vol des années.

Sur le déclin des jours l'horizon s'est fermé ;
La Mort sur mes espoirs a replié son aile ;
Dans des néants d'amour mon cœur s'est abîmé,

Sans l'éteindre jamais, cette flamme éternelle
Dont ta beauté profonde éclaire mon chemin.
Mon guide vers les fins suprêmes est en elle !

Voilà pourquoi mon sort est resté dans ta main,
Douloureux et flottant au vent de tes pensées,
Livrant à ta pitié l'espoir du lendemain.

Voilà pourquoi sur moi les heures sont passées,
Creusant ta chère image au profond de mon cœur,
Comme des gouttes d'eau sur les roches blessées.

Des autres visions l'ombre a repris le chœur ;
Les étoiles ainsi meurent dans l'étendue
Sitôt que l'horizon s'ouvre au soleil vainqueur.

La lumière, avec Toi, sur mon front descendue,
L'a rempli comme l'aube emplit le firmament,
Vers les lointains obscurs chassant l'ombre éperdue !

— J'adore ta Beauté pour son rayonnement !

III

J'adore ta Beauté pour ce qu'elle me tue,
Terrassé que je suis sous son charme mortel,
Pygmalion qui meurt au pied de sa statue,

Prêtre dont le sang coule aux marches de l'autel !
Ni le Rêve cruel d'où jaillit Galathée,
Ni le Dieu des martyrs n'eurent un pouvoir tel

Que celui dont languit mon âme épouvantée.
J'aime et je hais le joug qui déchire mon front,
La flèche douloureuse en mon flanc arrêtée,

La souffrance où mes jours lassés s'épuiseront,
Comme un lac se tarit sous le soleil farouche;
J'aime jusqu'aux mépris dont je subis l'affront

Et qui me sont orgueil, me venant de ta bouche !
De Toi tout m'est sacré : car la fleur des antans,
Que ton pied la meurtrisse où que ta main la touche,

Penche sur mon cœur mort ses rameaux éclatants !
Par toi s'est consumé le meilleur de ma vie,
L'ardeur de mes étés, l'espoir de mes printemps.

Je ne regrette pas la jeunesse ravie
Par l'inutile amour qui m'attache à tes pas.
Ce destin me suffit de t'avoir bien servie.

A l'ange qui demeure aux portes du trépas
Je dirai : que veux-tu ? Mon âme est envolée !
Pour de meilleurs destins ne la rappelle pas !

Vers celle que j'aimais elle s'en est allée,

Brûlant comme un encens, éprise de souffrir,

Errante sous le ciel comme une inconsolée !

— J'adore ta Beauté pour en vouloir mourir !

La vie est comme une colline
Dont l'aube éclaire le penchant,
Prompte à gravir et qui s'incline
Bientôt vers le soleil couchant.

Heureux celui qui, sur le faîte,
Peut écouter encore un jour
La lointaine chanson de fête
De la jeunesse et de l'amour.

Il lui faut bientôt redescendre
Vers l'horizon bien vite atteint,
Sans rêves et foulant la cendre
Qui coule de son cœur éteint,

Il lui faut compter les années,
Non plus par des jours éclatants,
Mais par les heures pardonnées
Qu'il doit à la pitié du temps.

Heureux qui, repu de caresses,
A laissé, sous l'amour vainqueur,
Saigner aux dents de ses maîtresses
Le dernier lambeau de son cœur !

Arbre sans sève dont l'écorce
N'enferme plus qu'un trou béant,
Il vieillit sans avoir la force
De souffrir aux mains du néant !

TABLE

A Amédée Cantaloube..............................

Je sais au profond de mon être......................

IMPRESSIONS ET SOUVENIRS

La Vénus de Milo...................................
La Vénus de Vienne.................................
Ultima gloria......................................
Les choses n'ont plus de larmes....................
Les femmes et la mer...............................
Fantaisie brune....................................
Fantaisie blonde...................................
Fierté...
Devant la maison de Théophile Gautier..............
Date lilia...
Exil...

A un poète	25
Scepticisme	27
Orage	29
Paysage	31
A Thilda	32
Matutina	34
Éloge de la lyre	52

AMOUR D'HIVER

Offrande	57
Prélude	59
I. C'est au temps de la chrysanthème	61
II. J'ignorais tout de Toi, ne connaissant encore	86
III. Tu l'as bien dit : je ne sais pas t'aimer	98
Épilogue	109

VERS POUR ÊTRE CHANTÉS

Regret d'avril	115
Chanson d'hiver	117
Les lilas	119
Tristesse	121
Chanson d'amour	123
O giuventa primavera	125

TABLE. 303

Tout s'oublie... 127
La noctuelle... 129
La chanson du souvenir... 132
En mai.. 134
Bonne chanson.. 136
Ressouvenir... 138
Mystère.. 140
La plainte de Sapho... 142

A TRAVERS LA VIE

Souvenir de Jacquemart... 151
A Victor Hugo.. 153
Mai.. 159
Astarté.. 161
Adieux à une comédienne..................................... 162
Départ.. 164
Vieille maison.. 166
Rencontre... 168
Les fils de Prométhée.. 170
Pensée d'automne.. 176
La vierge de cire.. 178
Sur un album... 180
Noël d'amour... 182
L'an nouveau.. 185
Quam pulchra es, amica !...................................... 187

LES DÉSESPÉRÉS

Sonnets d'amour... 207
Musique.. 287
Hosanna mélancolique....................................... 290

La vie est comme une colline............................... 299

FIN DE LA TABLE

5080-82. — CORBEIL. TYP. ET STÉR. CRÉTE.

www.ingramcontent.com/pod-product-compliance
Lightning Source LLC
Chambersburg PA
CBHW071300160426
43196CB00009B/1368